指定管理者制度
問題解決ハンドブック

宮脇 淳
[編著]

井口寛司＋若生幸也
[著]

東洋経済新報社

はじめに

　指定管理者制度が大きな岐路に直面している。それは、制度面の問題に
とどまらず、地方公共団体の職員や地域の人的資源などへの制約が強まる
中で、体育館、ホール、図書館等の公の施設を通じた公共サービスの持続
性自体が大きな岐路に直面していることを意味する。そこでは、改廃を含
めた公の施設の再編への努力、指定管理者制度を選択する政策判断の適切
性の確保、そして地方公共団体と民間企業等のコンプライアンスを含めた
適切な信頼関係の形成が厳しく問われている。一方、現状の地方公共団体
と指定管理者たる民間企業等との関係は、政策・法律両面で混迷を深め、
現在の課題だけでなく将来に向けたリスクを見えない形で相互に堆積させ
ている。

　こうした問題を克服するには、再度、指定管理者制度の本質を検証し共
有すると同時に、PFI、コンセッション、包括的民間委託等民間化の多様
なモデルが進化する中で、指定管理者制度の意義とあり方を問い直す必要
がある。この問い直しなしでは、指定管理者制度は実質的に劣化し、他の
連携手法の進化の中でその存在意義を実質的に失わせる結果ともなりかね
ない。

　本書では、そうした潜在的リスクを改善しポスト指定管理者制度も視野
に入れつつ、地域によりよい官民連携を実現するため、実務と理論、法律
と政策を融合させる視点からの指定管理者制度に関する課題と対応を提示
している。具体的には、指定管理者制度の中核である協定をどう考えるべ
きか、公的領域（公法）と民間領域（私法）の連携とそこでのコンプライ
アンスとは何か、行財政の視点からのガバナンスとは何か、内部統制・リ
スクマネジメントとは何か等を整理し、指定管理者制度を体系的に検証し
ている。

　本書の検証を共有し、地方公共団体や指定管理者がもつ様々な考え方の
距離感を認識し、それぞれの考え方の何が矛盾点になるのか、コンプライ

iii

アンスの根本問題になるのかを議論し交渉する機会となれば幸いである。最後に本書の出版に際してご尽力いただいた東洋経済新報社出版局の伊東桃子さんと岡博恵さんに深く感謝の意を申し上げる。

　なお、国の通達、判例、国会答弁等を紹介する場合、「　」で原文どおり引用するのが通常のやり方であるが、本書では理解のしやすさに重点を置き、平易な文への書き換えを行っている場合があることをお断りしておきたい。

2019年10月

北海道大学法学研究科・公共政策大学院

教授　宮脇　淳

目　次

はじめに　iii

序章　実践面にみられる問題と対処の方向性 ——————— 1

0.1　持続性と進化性の確保　2

0.2　ジレンマを生む基本要因と対処　5

　　0.2.1　要因1　民間の創意工夫等への理解
　　　　　　　　　——自由度尊重と民主的コントロールの充実　5

　　0.2.2　要因2　自治事務のメリット・デメリットへの認識
　　　　　　　　　——コンプライアンス意識の向上　8

　　0.2.3　要因3　混沌化するガバナンスとコンプライアンス
　　　　　　　　　——基本的考え方の形成　9

　　0.2.4　要因4　水平的信頼関係の形成不足
　　　　　　　　　——ガバナンスの充実　12

0.3　法的思考と政策的思考の融合　13

第1章　指定管理者制度のジレンマ ——————— 15

1.1　ジレンマを生む要因的事例　16

1.2　民間化政策・行財政改革と指定管理者制度の導入　21

　　1.2.1　民間化政策の流れ　21

　　1.2.2　行財政における指定管理者制度の位置づけ　23

　　1.2.3　行財政改革における公益法人改革の影響　26

　　1.2.4　官民連携手法との関連性　28

　　1.2.5　運営権制度導入と指定管理者制度　32

1.3　民間化理論と指定管理者制度　35

　　1.3.1　PPP理論と指定管理者制度　35

1.3.2　平衡プロセスによるジレンマ　*37*

1.3.3　自治事務であることと積極的自由の関係　*39*

1.4　指定管理移行に関する地方公共団体の意思決定の判断基準　*40*

1.4.1　判断基準1　公の施設の目的を通じた公共性の確保　*41*

1.4.2　判断基準2　公共の福祉の実現可能性　*44*

1.4.3　判断基準3　指定管理者の独立性・自由度の尊重　*51*

1.4.4　判断基準4　行財政体質との明確なリスク分担　*54*

第2章　指定管理者制度の行財政的ガバナンス問題 —— 63

2.1　指定管理者制度のコンプライアンスとエビデンス　*64*

2.1.1　コンプライアンスの充実　*64*

2.1.2　行財政のエビデンス　*66*

2.2　指定管理者制度の行財政プロセスのガバナンス　*70*

2.2.1　指定管理者制度の実践的権原・条例制定　*70*

2.2.2　議会の指定行為の位置づけ　*71*

2.2.3　情報の不完全性と協定の性格　*72*

2.3　指定管理の業務範囲と地方公共団体の災害時行政　*86*

2.3.1　災害時の公の施設の位置づけと指定管理業務　*86*

2.3.2　災害時の政策ガバナンス　*88*

2.4　財務会計のガバナンスと指定管理者制度　*93*

2.4.1　指定管理料のガバナンス　*94*

2.4.2　公会計・企業会計処理と維持修繕費　*98*

2.4.3　買換えとシステム保全　*104*

2.5　住民利用と公平性確保のガバナンス　*108*

第3章　指定管理者制度の法的検討 ———————— 111

3.1　指定管理者制度創設の経緯　*112*

目 次

3.2 指定管理者制度のバリエーションと法的混乱の原因 *115*

　3.2.1　指定管理者制度のバリエーション　*115*

　3.2.2　条例制定と外部委託　*117*

　3.2.3　管理権限の委任　*118*

　3.2.4　指定管理以外の管理の外部委託　*126*

3.3 指定管理者の公法上の関係 *127*

　3.3.1　指定行為　*127*

　3.3.2　指定管理者の公法上の権利と義務　*129*

　3.3.3　条例による管理等の基準設定　*131*

3.4 指定管理者制度における協定書 *134*

　3.4.1　指定管理者の自由度　*134*

　3.4.2　委託の法的性質　*135*

　3.4.3　協定の法的性質　*136*

3.5 指定管理者の主体性と指定管理料・利用料金制・自主事業 *139*

　3.5.1　指定管理者の主体性　*139*

　3.5.2　指定管理料と利用料金制、自主事業　*140*

3.6 リスク分担 *147*

　3.6.1　総論　*147*

　3.6.2　協議の必要性と問題点　*151*

3.7 管理事項について *154*

　3.7.1　指定管理者の構成　*154*

　3.7.2　管理業務　*156*

　3.7.3　指定管理期間　*156*

　3.7.4　募集要項等の法的効力と表明保証条項　*158*

3.8 モニタリング *159*

　3.8.1　総論　*159*

　3.8.2　方法　*160*

　3.8.3　リスク分担事項　*163*

vii

第4章　指定管理者選定審査とプロセスの課題 ——————— 177

4.1　指定と入札制度　*178*

4.2　審査方式　*181*

4.2.1　総論　*181*

4.2.2　事業計画等審査手続　*182*

4.2.3　指定プロセスの問題点と不服申立て（行政不服審査）　*184*

4.3　協定書締結手続　*186*

4.3.1　サウンディング型市場調査、競争的対話の位置づけ　*186*

4.3.2　入札後における詳細協議と協定書案の修正　*187*

4.3.3　要求水準の確認方法　*189*

4.3.4　仮協定　*189*

第5章　内部統制と指定管理者制度 ——————— 193

5.1　地方公共団体内部統制の重視　*195*

5.1.1　会社法・金融証券取引法改正の流れと
地方公共団体内部統制の意義　*195*

5.1.2　参加の多様化（情報公開請求・住民訴訟、官民連携）と
内部統制の関係　*197*

5.2　内部統制と指定管理者制度との関係　*201*

5.2.1　内部統制と指定管理者制度のPDCAサイクルに関する課題　*201*

5.2.2　コンプライアンス・リスクマネジメントと指定管理者制度の観点　*209*

5.2.3　内部統制と指定管理者制度のPDCAサイクルのあるべき方向性　*213*

索引　*220*

執筆者紹介　*223*

序　章
実践面にみられる問題と対処の方向性

0.1 | 持続性と進化性の確保

　なぜ、今、指定管理者制度を改めて取り上げるのか。それは、指定管理者制度の実践面において多くの問題がみられ、地方公共団体、そして民間企業等指定管理者の双方に様々なジレンマ（Dilemma：板挟み）が生じているからである。このジレンマの深刻化は、制度全体の信頼性を低下させるだけでなく、最終的には公の施設を通じた公共サービスの質の低下をもたらす要因となる。こうした状況を克服するには、指定管理者制度のガバナンス（官民連携の機能的統制）とコンプライアンス（官民間の自発的な相互信頼性）に関する根本的課題と向き合い、制度自体の持続性と進化性の確保に努力する必要がある。本書は、それを行財政そして法的視点から地方公共団体、民間企業等に体系的・実務的に問いかけるものである。

　本書の活用においては、本書の考え方、地方公共団体自らの考え方、民間企業等の考え方それぞれを批判・否定し合うのではなく、相互に認識しその違いと共通点を理解し、事業展開等を通じてお互いによりよい制度に進化させていくことが重要と考えている。

（1）ジレンマの深刻化

　2003年の改正地方自治法施行で導入された指定管理者制度（地方自治法244条の2）は、わずか15年後の2018年4月段階で総事業数約7.6万件（うち市区町村たる基礎自治体の事業約6.1万件）[1]を超え、公の施設の約4割が民間企業等[2]が担う指定管理者制度に移行し、急速に拡大してきた。この間、制度運用や個別施設の管理運営に関する様々な問題を抱えると同時に、それに対する工夫が展開され、実務的創意工夫・ノウハウも蓄積されてきたことは間違いない。他方で業務委託等の従来の方法に加え、PFIやコンセッション、さらには国の包括的民間委託など新たな官民連携モデ

---

1) 総務省自治行政局（2019.5.17）「公の施設の指定管理者制度の導入状況等に関する調査結果」による。
2)「民間企業等」とは、株式会社、NPO法人、学校法人、医療法人等を示す。

序　章｜実践面にみられる問題と対処の方向性

ルが多面的に展開されており、指定管理者制度もこうした全体の流れとの整合性をもった進化が必要となっている。しかし、指定管理者制度は、現状において多くの根本的課題を抱えたまま、様々な実務上のジレンマを依然として発生・堆積させている。

このジレンマに対して、地方公共団体、指定管理者を問わず場当たり的、パッチワーク的な対応が展開されており、制度的な矛盾も拡大している。また、民間企業等でも人材等の制約が強まる中で、条件・リスク等により事業を選別する流れも生じており、地方公共団体が自らの事情だけで指定管理事業の枠組みを設定することにも限界がみえてきている。

こうしたジレンマの深刻化は、制度全体の信頼性を低下させるだけでなく、地方公共団体、指定管理者の双方のリスクを拡大・堆積させる要因ともなる。たとえば、次の課題に対して、地方公共団体、民間企業等指定管理者のいずれかにかかわらず、どのような考え方に基づき自ら整理し、体系的に実践しているのだろうか。

①協定の法的性格は何か
②指定管理の管理対象範囲はどこまでか
③地方公共団体の指揮命令権の範囲はどこまでか
④指定管理者の災害時対応はどこまでか
⑤公の施設の設置責任と管理責任の境界線はどこにあるのか
⑥指定管理者による公の施設の維持修繕負担はどの範囲か
⑦指定管理者の創意工夫・ノウハウをどのように発揮させるのか
⑧リスクマネジメントをいかに展開しているのか
⑨地方公共団体の内部統制や監査は指定管理者のどこまで及ぶのか
⑩指定管理者制度と労働関係・経済関係法規との関係をどう整理するか

これらすべての問いかけに「協定内容による」と回答することは、不適切である。なぜならば、ほとんどの協定が以上の点について不明確で曖昧性や多義性を含んだ内容となっており、実務面における内容の実効性についても多くの疑問を抱えているからである。加えて、協定の表面的な文章

3

ではなく、それを支える考え方の整理が重要となる。①～⑩の各問題が相互に密接に関連し、地方公共団体と民間企業等の間の情報の不完全性が根底的に存在する中では、体系的に協定内容が整理されなければならないからである。前述したように、基本的考え方が明確に整理されていない場当たり的、パッチワーク的な対応は制度全体のジレンマを一層深刻化させる逆機能[3]の結果となる。

　本書は、以上の問いかけのほかにコアとなる課題を体系的かつ実践的に整理する。第1章では、指定管理者制度を通じて生じているジレンマの整理、第2章では行政・財政面からのガバナンスに関連した課題と情報の不完全性がもたらす本質的課題を具体的に提示する。その上で第3章、第4章では、ジレンマ解決に向けた法的視点からの実践的処方箋を審査プロセス等も含め具体的に提示していく。そして、第5章では、今後の地方公共団体で重要な課題となる内部統制と指定管理者制度の関係について検討する。

(2) 本書の章立て

　第1章「指定管理者制度のジレンマ」では、指定管理者制度の導入経緯や背景となった公益法人改革等の考え方、そして様々なジレンマを生み出す共通要因について整理する。同時に、指定管理者の独立性や自由度の尊重など指定管理者制度を選択する際に地方公共団体が踏まえるべき判断基準を提示し、さらに指定管理者制度におけるリスクマネジメントとは何かを考える。

　第2章「指定管理者制度の行財政的ガバナンス問題」では、地方公共団体と指定管理者間のガバナンス問題を主に行財政の視点から整理する。ガバメント（縦関係）とガバナンス（横関係）の違いを認識し、情報の不完全性がもたらす条例、指定行為、協定を通じた課題、さらには災害時における指定管理者の役割と範囲、財政運営・公会計と企業会計をにらんだ修繕等財務会計の課題、利用者への対処等、基本的かつ重要なジレンマへの考え方を整理する。

---

3) 改善しようとして行ったことが、逆に悪化の結果をもたらすこと。

第3章「指定管理者制度の法的検討」では、地方公共団体と指定管理者間で結ばれる協定の法的性格を体系的に検証し「契約」と位置づけた上で、料金収受、リスク分担に至るまで指定管理者制度で生じるジレンマの具体的内容を法的視点から深く掘り下げ、実践的な対処方法とその考え方を提示する。

第4章「指定管理者選定審査とプロセスの課題」では、入札、事業計画、書面審査・ヒアリング審査、指定と不服申立て等選定審査に関する透明性確保と具体的に生じる問題を整理し、指定管理者制度のプロセスの信頼性を高める対応を検討する。

第5章「内部統制と指定管理者制度」では、今後の地方公共団体に不可欠となる内部統制の意義と指定管理者制度との関係を検証する。独立性・自由度を尊重した上で、民主的コントロールとのバランスを確保した指定管理者への監査等統制はどこまで可能か。リスク対応も含め、そのような統制をPDCAサイクルに高めるための実践的整理を行っている。

0.2 ジレンマを生む基本要因と対処

本書で取り上げるジレンマを生み出す基本要因への認識と対処の方向性は、以下のとおりとなる。

0.2.1 要因1 民間の創意工夫等への理解
——自由度尊重と民主的コントロールの充実

ジレンマを生じさせる要因の第1は、民間企業等の創意工夫・ノウハウを引き出すことへの制度面も含めた理解の温度差である。指定管理者制度を国が導入した根底的動機は、検討当時（橋本内閣から小泉内閣への流れの時代）に国で本格化していた行財政改革、そして規制改革の一環としての公益法人改革[4]の流れにある。その趣旨は従来、公益法人等が独占してきた公の施設に関する管理の見直しを公物[5]制度の観点も含め進めること

5

にあった。その具体化として、地方公共団体においても民間企業等の創意工夫・ノウハウを活用した公共サービスの質的向上と効率化が重視され、導入されたのが指定管理者制度である。

こうした流れの中で地方公共団体が指定管理者制度を導入する理由のうち最も高い比率の96.8％を占めているのが、公共サービスの質的向上となっている[6]。民間企業等の創意工夫・ノウハウを公共サービスの質的向上に結びつけるためには、民間企業等の「自由度の尊重」と地方公共団体の「民主的コントロールの充実」とのバランスを図ることが重要となる。

(1) 民間企業等の自由度の尊重

民間企業等は、なぜ創意工夫するのか。それは、投資とリターンの関係を基礎に資本の健全な増殖を図り、持続的に成長するためである。投資とリターンの関係を基礎とする資本の増殖には、民間企業等の自由度を適正に尊重する姿勢と環境づくりが大前提となる。これは単なる政策論にとどまらず、資本主義・自由主義、そして基本的人権の尊重が日本の社会的基盤であり、指定管理者制度の運用において民間企業等の自由度を著しく阻害し制約する場合には、法的に無効や取消しの対象となることを一般的に意味する。

したがって、公の施設の管理に対して具体的に指定管理者制度の導入を考える場合には、民間企業等の活動への自由の要素をどの程度組み込めるかが重要な判断ポイントとなる。この点ですぐに指摘されるのが、収益的な自主事業の設定や指定管理料の見直しである。しかし、自由度の尊重においては、官民間の水平的信頼関係（すなわちガバナンス）の充実こそが根本である。収益事業の設定等は一部の選択肢に過ぎず、適正かつ明確なリスク分担の形成、役割と責任の範囲を明確にした協定の作成等が、コン

---

4) 公益法人改革は、2000～08年に取り組まれ、法人格取得と公益認定の切り離し等が行われている。
5) 国、地方公共団体等行政主体が公の用に直接供する有体物。収益を目的とする普通財産と区別される。
6) 総務省自治行政局（2019.5.17）「公の施設の指定管理者制度の導入状況等に関する調査結果」による。

プライアンスとガバナンスを基礎とした、自由度尊重に向けた選択肢となり得る。

たとえば、リスク分担は、本来的には地方公共団体が一方的に定める性格の事項ではない。民間企業等が自ら指定管理に関するリスクを想定し提示することで参入のメリットとデメリット、展開できる創意工夫・ノウハウの質の可能性を明確にすることができる。そして、地方公共団体においても民間企業等の提案を受け協議する中で、指定管理者制度を選択肢とするメリット・デメリットを認識・共有し、よりよいリスク分担とすることが可能となる。民間企業等では、意思決定や経営判断のためのリスクの洗い出し、責任負担の明確化など決定過程の合理性の検証が制度的に求められており、適切なリスク判断ができてはじめて創意工夫・ノウハウを最大限活用できる指定管理事業のスキームの形成が可能となる。

(2) 民主的コントロールとのバランス

公の施設は公共サービスの提供を担うこと、そして指定管理者制度は使用許可の行政処分を民間企業等に授権することが可能であることなどから、管理において民主的コントロールに基づく公共性の制約を受けるのは当然となる。その際に重要な点は、前述したように民間企業等のノウハウを引き出すため必要な自由度を尊重する環境づくりとのバランスとなる。こうしたバランスについて自由度の尊重が適さない、あるいは十分に尊重できないと判断される公の施設の場合は、地方自治の本旨に基づく民主的コントロールにより直営等他の手法で展開する判断を行うべきである。

指定管理者制度は、公法と私法の中間領域に存在している。このため、公法の世界を中心にこれまでコンプライアンスを形成してきた地方公共団体の公の施設の管理では、私法的視点（たとえば、契約法、労働関係法、経済関係法等）をより強く意識して組み込まなければ、民間企業等の自由度は高まらない。一方で、民間企業等も公共サービスが本来的にもつ公的制約が自らのノウハウや経営にもたらすメリット・デメリット、そしてリスクを認識した上で、事業選択や管理事業のスキームの検討に取り組んでいく必要がある。

地方公共団体から「指定管理に対する民間の応募がない」、「民間の応募件数を増加させるにはどうしたらよいか」といった質問を受ける。これに対する第一義的回答は、それぞれの指定管理事業を、リスク分担を含めて民間企業等に適正な自由度を尊重する内容に見直すことであり、次に自由度の尊重と民主的コントロールとのバランスで指定管理者制度を選択していることが適切か否か再検証することである。再検証では、業務委託等他の民間化手段との比較を視野に入れるほか、地方公共団体の将来の人的資源・財政負担も勘案し、公の施設の機能としての必要性や持続性をも慎重に検討することが求められる。

0.2.2 要因2 自治事務のメリット・デメリットへの認識 ——コンプライアンス意識の向上

ジレンマの要因の第2は、指定管理者制度が地方公共団体の自治事務（地方自治法244条の2）に位置していることのメリット・デメリットへの認識である。自治事務は、法定受託事務とは異なり、通知等による国からの助言はあるものの、地方公共団体が自らの判断で地域の事務として住民の福祉の向上のために行うことを基本とする。この自治事務の位置づけに対する理解と、指定管理者制度が官民の中間に位置していることが重なり合い、ジレンマを深刻化させている。

(1) 自治事務であること

指定管理者制度は自治事務に位置しており、このことへの理解を地方公共団体はもちろんのこと、民間企業等も共有する必要がある。自治事務は、地方公共団体の条例等により地方自治の本旨に基づき民主的コントロールで具体的にガバナンスすることを基本としている。こうした自治事務の位置づけは、公の施設が地域ごと、施設ごとに異なる環境にあるのに対する適切な対応を可能にしている。都市部と過疎地の違い、公の施設の機能・形態・老朽度などの違いに適切に対応するためには、国が画一的に規定するのではなく、地方自治の本旨に基づき民主的コントロールの下で、具体

序章 実践面にみられる問題と対処の方向性

的に条例で定めるのが適切となる。

(2) 中間領域であること

しかし、そのことは指定管理者との協定や管理の内容等を地方公共団体が一方的に決定し行えることを意味しない。自治事務であっても日本の法体系における地方自治法だけでなく、民間との連携であるため民法・商法、それに関連する法令、さらには憲法の基本的人権等によって規律される。このため、行政と民間の中間領域の機能を担う指定管理者制度を適切に活用するには、地方公共団体自体が関連する私法関係を十分に理解し活用する能力を培う必要がある。そのことは、適正な自由度とのバランスに加え、地方公共団体のコンプライアンスや内部統制の充実の面からも不可欠となっている[7]。

情報化が進化する中で社会の様々な活動が相互連関性を高めており[8]、行政と民間の関係も同様である。そうした相互連関性の変化を理解せずに行政の下請け的に民間企業等との関係を形成すれば、根幹の創意工夫・ノウハウによる質の向上や効率化は実現せず、様々なリスクを地方公共団体、指定管理者の双方で抱える結果となる。指定管理者制度の充実には、地方公共団体の努力が不可欠なものの、指定管理者側も現在の契約内容や管理運営で生じた事象を民法や商法、不正競争防止法、労働法等の視点から再検証し地方公共団体と共有していく積極的姿勢が必要となる。

0.2.3 要因3 混沌化するガバナンスとコンプライアンス —— 基本的考え方の形成

ジレンマ要因の第3は、基本的考え方の共有が未成熟な点である。指定管理者制度は、地方公共団体そして民間企業等、さらには住民にとっても理解が混沌としている状況にあり、いろいろな側面で課題を抱えている。その根本的要因は何か。それは、法的・政策的両面にわたる指定管理者制

---

7) 改正地方自治法（2017.6.9）150条による内部統制の法制化。
8) 宮脇淳編著、佐々木央・東宣行・若生幸也著（2017）pp. 29-34。

度に対する基本的考え方の形成と共有ができていないことによる。超少子高齢化、働き方改革、財政危機そして地域のグローバル化等経済社会環境が変化する中で、制度に対する基本的考え方が共有されていないために、指定管理者制度は外部環境の変化によりますます翻弄されてしまう。

　基本的考え方の大きな分岐点は、指定管理に関する地方公共団体と民間企業等の間で結ばれる約束、すなわち「協定」を地方公共団体の一方的意思で内容が決められる権力行為たる「行政処分」と解するか、それとも地方公共団体と民間企業等の交渉合意で決めることを基本とする「契約」と解するかにある。この基本的考え方の違いによって、両者間の情報共有の質が大きく変化し、かつ役割・責任、働く人の権利など多くの面で異なった姿となってくる。

(1) 実務の混沌化

　指定管理者制度は地方自治法で枠組みだけが示され、事業の具体化の内容は地方公共団体の判断にまず委ねられている。このため、指定管理者制度や法制度全体への認識や理解の熟度が地方公共団体によって大きく異なり、現実のガバナンスやコンプライアンスが混沌化する状況となっている。

　もちろん、地方公共団体ごと、事業ごとに異なる内容になることは自治事務の位置づけ上、当然である。ただし、自治事務であっても基本的な法理念・関連法の遵守は当然のことながら必要となる。国の行政機関に対する技術的指導の要請や国の外郭団体等による指定管理者制度に対する実務的支援は行われている。しかし、指定管理の実務では、施設の複合化、公の施設の機能の多様化等事業形態が急速に変化しており、実務対応優先のパッチワーク的、場当たり的な対処を繰り返せば、指定管理者制度全体の信頼性が失われる。加えて、地方公共団体、民間企業等指定管理者の双方より同様の質問を受けることが多い現状は、立場を越えて指定管理者制度が漂流していることを示唆している。そのため、とくに、基本的考え方にまで掘り下げた体系的整理が必要となっている。

序　章 ｜ 実践面にみられる問題と対処の方向性

(2) 民間化制度自体の混沌化

　地方公共団体にとって同様に混沌とした存在となっているのが民間化手段である。国の主導で2000年代に入り本格導入したPFI、コンセッション、指定管理者制度だけでなく、従来からの管理、業務、作業等それぞれのレベルでの委託方式、信託方式、民間施設の貸借による利用等様々な民間化手段が存在する。地方公共団体、民間企業等の視点からはそれぞれが政策的にも絡み合い矛盾を抱えている。このため、法的に適切な手法を選択するのが難しく、選択の理由づけも十分に尽くせない現状にある。こうした現状も、基本的考え方にまで掘り下げた体系的認識と理解の形成が必要なことを示している。

(3) 基本的考え方による体系化の必要性

　指定管理者制度に関する基本的考え方も多様である。たとえば、公の施設の管理を行う指定管理者は地方公共団体の機関であり、権利義務の主体とならないと位置づける考え方（いわゆる機関説）もある[9]。行政の機関として位置づけるのであれば、行政の指揮命令の下で業務を行うため公的分野の視点からは比較的単純な構図となり、表面的には安定的にみえる。

　しかし、そうした考え方を取った場合、民間企業等の創意工夫・ノウハウの発揮は著しく制約的となる。加えて、独立した法人格を有する民間企業等を行政機関として位置づけ指揮命令することに対する法的矛盾がある。具体的には民間企業等の社員が業務を行う場合に労働法等周辺法規との関係をどのように整理するか、さらに、より本質的な課題として指定管理者は法人であれ非法人であれ自由な活動を憲法上保障された人格であるため、指揮命令やその制限の要件は厳格に法令で定めることが原則となる。このため、指定管理者制度を行政組織法上の委任行政と位置づけた場合でも、受任者は非法人であれ、法人であれ自由な活動を憲法上保障された人格であるから、当該受任の関係においても法律に定められた限度で、委任者の指揮命令に服するに過ぎないとする考え方も提示されている[10]。

---

9) 公職研編（2008）p. 236。
10) 塩野宏（2012）pp. 115-125。

指定管理者制度に対する基本的考え方は依然多様な段階にあり、体系的に不明確な点を抱え続けている。生じている矛盾点をいかに解決するかを整理し、その妥当性を検証しつつ、体系化していくことが求められる。加えて、指定管理者制度をはじめとした民間化のモデルは常に進化している。基本を踏まえつつ、その進化に対応できる体系的取組みが必要となる。

0.2.4　要因4　水平的信頼関係の形成不足——ガバナンスの充実

第4の要因は、信頼関係の再構築である。指定管理者制度をはじめとした民間化政策では、従来の上意下達的官民関係を見直していくことが求められる。官を中心とした縦割りによる「官は指示する人、民は作業する人」の構図は限界に達している。この限界を受け止めつつ、指定管理者制度の進化のためには、地方公共団体、そして民間企業等の体質自体の進化も必要となっている。

(1)　ガバメント（縦関係）からガバナンス（横関係）へ

指定管理者制度をはじめとして民間化政策、官民連携は、地方公共団体と民間企業等の間で様々な協議を行い民間企業等の創意工夫・ノウハウを引き出し新たな関係を構築していく「共に考え共に行動する」[11]ことを基本とする。こうした関係の構築には、水平的な信頼関係の形成、すなわちガバナンス、横の関係の重視が不可欠である。

ガバナンスとは、地方公共団体と指定管理者が基本的に対等な関係に位置し、相互の違いを踏まえつつ自発的な協働関係を形成することである。しかし、現実には従来の上下関係・縦関係たるガバメント、すなわち指揮命令を基本とする「行政は指示、民間は作業」の体質が基本となり混在することも少なくない。こうした制度の体質に関する理解の違いがジレンマを生む要因となっている。

11）宮脇淳編著、佐々木央・東宣行・若生幸也著（2017）pp. 72-75。

序　章 | 実践面にみられる問題と対処の方向性

(2) 指揮命令と「お願い」の未分離

　ガバメント体質の混在は、出来事の大小は別として協定等では記載されていない事項について、あるいは記載事項と異なる内容について地方公共団体から指定管理者に要請するなどの行為が実務的に存在していることにも表れている。

　こうした要請は、指揮命令なのか「お願い」なのか。そもそも命令は、大きくふたつに分かれる。第1は、行政たる地方公共団体組織内の指揮命令権に基づくもので、たとえば、上級官庁が下級官庁に行う場合である。しかし、指定管理者は独立した法人格等を有した組織体であり、その組織体に指揮命令を行うとすれば独立した法人格を有する民間企業等を権利義務の主体としないこと（いわゆる機関の位置づけ）になり、周辺法規も含めて様々な矛盾が生じる。第2は、法令に基づく命令である。これには明確な法的根拠が必要となる。

　以上から、条例や協定に記載のない事項への要請は、少なくとも命令と位置づけることは難しい。それでは、「お願い」とは何か。「軽微なもの」で整理することなく、お願いという行為の性格を検証する必要がある。ここで重要なのは、法律用語も含め言葉・語句が異なっても内容の趣旨から判断することを原則とすることであり、お願いの内容がたとえば権利義務、負担やリスク分担の変更に影響するものである場合は協定変更の申し入れと捉えることも必要となる。こうした不明確な状況は、民間企業等にとってはリスクとなり、創意工夫・ノウハウへの意欲、さらには指定管理者制度への参入意欲を阻害する要因となることも理解する必要がある。

0.3 | 法的思考と政策的思考の融合

　最後に、指定管理者制度を実践面を含めて検討する場合、法的思考に基づく判断をしつつ、よりよい制度とするための政策的思考の展開が必要となる[12]。

12）宮脇淳編著、佐々木央・東宣行・若生幸也著（2017）pp. 34-36。

特定の施設を指定管理にするか行政直営で運営するかは政策的判断である。しかし、条例制定や議会の指定行為、指定管理者と地方公共団体の間の協定内容の形成や日々の地方公共団体からのお願い等は政策的判断ではなく、法的判断としてまず理解し精査していく必要がある。地方公共団体側でも政策的判断と法的判断が混在し、地域への配慮や議会との関係等政治的要因も含めて指定管理者に一定の負担を求める場合もある。地方公共団体側にとっては政策判断でも、指定管理者側にとってはリスクとなる場合が少なくない。

　法的思考による検証をまず行い、その上で様々なジレンマを克服するために、政策的思考に基づく制度・協定内容の進化、民間化の他の手段との関係の整理を進めていく必要がある。もちろん、日常的な業務においては、地方公共団体と民間企業等との交渉や意思疎通が展開され、公の施設の管理運営を効率的に展開することは必要不可欠である。しかし、そうした交渉や意思疎通においても単に「まあまあ」で済ませることなく、法的思考の視点、政策的思考の視点をもつことが必要となる。

　こうした視点は、指定管理者が民間企業等の場合だけでなく、自治会等地縁団体の場合にも同様である。地域住民との連携で公の施設等を管理する取組みは重要である。しかし、条例に基づき指定管理者制度を活用して行う場合には、地域政策としての政策的思考だけに依存することは不適切である。地域住民と連携する場合でも、指定管理者制度を活用する際には法的思考による明確なガバナンス構造の構築が必要である。それなしでは、地域住民との自発的信頼関係の形成は困難となる。

（宮脇　淳）

【参考文献】

公職研編（2008）「指定管理者　再選定のポイント――制度の現状から導く、再選定の実務マニュアル」『月刊　地方自治職員研修』臨時増刊号89号、公職研

塩野宏（2012）『行政法Ⅲ――行政組織法　第四版』有斐閣

宮脇淳編著、佐々木央・東宣行・若生幸也著（2017）『自治体経営リスクと政策再生』東洋経済新報社

第1章

指定管理者制度のジレンマ

指定管理者制度は、地方公共団体とくに市区町村の基礎自治体で展開される官民連携の代表的存在である。しかし、行政と民間企業等という異なる領域で活動する組織間で連携を展開するため、必ずジレンマが発生する。ジレンマとは、板挟みの状態である。なぜ、ジレンマが生じるのか。制度の進化のためにはこの疑問を解決する必要がある。この点については、序章で基本的要因を概括したところである。また、実務では、指定管理者制度に対する理解度、公的領域・民間領域への相互の認識不足、さらには地元地域政策との関連などでジレンマが一層輻輳化・固定化しやすい状況にある。そうしたことは、最終的には公共サービスの持続性と質に大きな影響を与える。

ジレンマを可能な限り改善することが、指定管理者制度の安定的な持続性と進化性を確保するために不可欠となっている。改善に向けては、地方公共団体、指定管理者共に場当たり的、パッチワーク的な対処を繰り返すのをやめ、基本的な考え方をもって体系的に取り組むことが重要となる。本章では、指定管理者制度の実務において生じているジレンマについて、その共通した要因は何かを検証し、改善に取り組むための基本的考え方を整理する。

1.1 ジレンマを生む要因的事例

指定管理者制度の実務では、日々多くのジレンマが地方公共団体と指定管理者間で発生している。そのジレンマは、地方公共団体では議会や住民、指定管理者では株式会社の場合には経営者・株主へと広がっていき、場合によっては深刻化した利害対立状況に陥る。こうしたジレンマを発生させる基本的要因は序章で概括したが、実務上の具体的要因として何があるか。重要な点として、以下の要因的事例が挙げられる。

第1章 指定管理者制度のジレンマ

(1) 不明確な協定の法的性格

　協定を地方公共団体の議会による指定管理者の指定行為の延長線上に位置づけて行政処分と解するか、行政処分の延長線上である付款（行政処分の条件）と解するか、又は私法上の契約と解するかが、指定管理者制度をめぐる諸問題を検討するにあたっての根本的ジレンマとなる。指定管理者が地方公共団体に代わって、権力行為である使用許可権限をもつ場合がある。他方で、民間企業等のノウハウを活用する連携であり単に作業を任せる制度ではない。こうした点を踏まえ、使用許可の権力行為としての性格を再検証しつつ公的領域の視点だけでなく、民間領域の視点を重視しつつ統一的な理解をもって対応していく必要がある。

(2) 不明確な指定管理者の位置づけ

　(1)の協定の法的性格と一体の要因に、指定管理者の位置づけがある。位置づけとは、地方公共団体から独立した権利義務の主体なのか、それとも地方公共団体に従属するひとつの組織的存在（機関）に過ぎず、独立した権利義務の主体とはしないのかという問題である。指定管理者について法人格を有する独立した権利義務主体、あるいは法人格を有しない場合でも基本的人権を有する独立の主体として位置づけて対処するか否かは、地方公共団体と指定管理者の権利義務関係に大きな影響を与える。さらに、このジレンマの延長線上には、民間領域の労働や経済関連の法規適用に密接な関係をもつジレンマが存在する。

(3) 指定管理者への指揮命令権はどこまで可能か

　(2)の延長線上の要因として、指定管理者への地方公共団体の指揮命令権はどこまで及ぶのかがある。独立した権利主体ではないと位置づければ地方公共団体の一機関であり指揮命令権は広範に及び、一方で独立した法人格と位置づければ当然に指揮命令権には制約が生じる。具体的には、日々の業務、指定管理者の財務面に対する監査の対象範囲の問題等実務と密接に関連するジレンマとなり、法人格等を有する指定管理者自体の人件費や人員配置等経営問題にどこまで地方公共団体が介入することが可能か

などのジレンマでもある。

(4) 指定管理者への地方公共団体としての事実上の関与の扱い

（3）の延長線上の要因として、地方公共団体の指定管理者への「事実上の関与」はどこまで可能なのかということがある。この点は、指定管理者への地方公共団体の関与が指揮命令権や協定に基づいて行われるだけでなく、事実行為としての「お願い」ベースで実施されるとき、そうした関与の性格は何かという課題でもあり、日常の実務に関連するジレンマである。

(5) 指定管理者に対する地方公共団体の協定外要請の位置づけ

（4）で指摘した「お願い」ベースと類似する要因ではあるが、実務面で発生しやすい地方公共団体からの協定内容外の要請は、付加的なサービス提供や事務処理等において生じることがあり、これにより発生する責任関係やコスト、リスク分担等をどう負担し合うのかの明確化が必要となっている。このジレンマは、たとえば、維持修繕に関して協定では地方公共団体の役割になっているものの、地方公共団体側には予算措置がなく、すぐには対応できないなどによって発生する例もある。このジレンマは予算措置がなく対応できないでは終わらず、それによって生じる管理上の質の低下リスクなどをいかに分担するかのジレンマへと結びつく。

(6) 不明確な指定管理の対象範囲

指定管理者が管理する業務範囲が不明確なことからもたらされる要因である。指定管理者の物的な管理対象は、公の施設である。しかし、公の施設の事業種類に関係なく、公の施設自体がもつ公共性の機能全体を担うのか、それとも体育館・ホール等施設の種類による特定機能の範囲を担うのかのジレンマである。この問題は、次の（7）災害時対応と密接に関係すると同時に、指定管理者の選考・審査・契約のあり方とも一体の課題となる。

第1章 指定管理者制度のジレンマ

(7) 不明確な災害時の指定管理者の位置づけ

(6) に関連する重要な点として、指定管理者が災害時に公の施設に避難してくる被災者の対応等をどこまで責務として担い、それに伴うリスクを地方公共団体と指定管理者間でいかに負担するのかの問題がある。公の施設は、住民の視点からは福祉増進のための地方公共団体の施設であり、避難所指定がなくても災害時等に頼りにする位置づけにある。一方で、民間企業等の指定管理者は体育館等特定の機能の管理を通じた住民サービスを担っており、災害時の対応にジレンマが発生する。協定の内容やリスク分担による明確化が求められる事項であると同時に、公務員ではない民間人たる指定管理者の従業員に災害時にどこまで義務を課すのか、など労働関係とも関連するジレンマに結びつく。

(8) 不明確な設置者責任と管理責任の境界線

公の施設の設置者は、地方公共団体であり設置者責任を負っている一方、指定管理者は公の施設の占有権を有し管理責任を負っている。この両者の境界線が具体的にどこにあるか境界線の明確化の課題である。協定の内容も含め施設の実務ベースの維持管理の面でも重要なジレンマとなり、次の (9) と密接に関連する。

(9) 不明確な指定管理者による公の施設の維持修繕負担

修繕として、たとえば「30万円未満」は、指定管理者の負担とするなどの協定内容がある場合、地方公共団体の会計処理と指定管理者の会計処理・税務処理はどうなるのか。その処理に、相互に矛盾はないのかのジレンマである。加えて、この例での30万円等金額の根拠、30万円未満の少額修繕が何回も発生した場合の総額規制の有無、指定管理期間以前に生じていた施設の瑕疵に対する修繕等の措置の明確化、さらに、30万円以上の修繕は地方公共団体が担うという協定内容の場合、敏速な予算措置と対応が可能か、可能でない場合、地方公共団体の負担による修繕が遅延することで発生する指定管理者のリスク負担はどうなるのか等、多くのジレンマに結びつく。

19

(10) 不明確なリスク分担

　いわゆる星取表型（リスク分担表で項目ごとにどちらが負担するか「○」を付して整理する方式）でのリスク分担は、初期のPFIの契約から展開された内容であるが、実効性を含めて極めて内容が不明確であり、リスクが顕在化したときの実務的対応を困難化させる。加えて、地方公共団体だけによるリスク分担の判断と提示は、民間企業等の指定管理参入へのインセンティブを低下させる要因ともなる。リスク分担の明確化は、民間の創意工夫・ノウハウの発揮や持続性の確保、さらには民間事業者との信頼関係の形成のため大前提となる位置づけにあり、協定書の「当事者間協議」としている内容の実効性も含めた適正化への取組みが求められている。

　その他、指定管理者の創意工夫・ノウハウは、適正な自由競争の下でいかに保護されるのか、とくに、指定管理期間後に別の民間事業者等が管理運営する場合には、業者間の競合的問題が発生し適正な保護がないとノウハウの活用に強い制約が生じる可能性があること、そしてビジネス方法の特許[1]等権利保護制度が拡充する中でステークホルダーが多様化しており、どのように対処すべきかなどの課題にも関連する。また、創意工夫の対象範囲をいかに考えるかは、地方公共団体と指定管理者間で行われる精算対象経費と非精算対象経費の区分けとも密接に関連するジレンマとなる。こうしたノウハウ等の活用問題は、民間企業等指定管理者側だけの問題ではなく、公の施設の機能と質の維持向上を責務とする地方公共団体側においても重要な課題とならざるを得ない。

　以上のように、地方公共団体と指定管理者間のジレンマは、相互に密接に関連するだけでなく、根底には指定管理者制度や運用に関する相互の情報の蓄積と伝達における不完全性が潜んでおり、場当たり的、パッチワーク的な対処では許されないコンプライアンス（Compliance）面での本質的なジレンマが存在する。地方公共団体、民間事業者間で制度的な本質を

---

1) ビジネス方法の特許とは、ビジネス方法についてITを利用して実現する装置・方法の発明に与えられる特許であり、具体的にはコンピュータによる情報提供を活用した花の販売方法、仮想現実空間を利用したバーチャルハウジングセンターによる住宅総合案内システム等がすでに特許を取得している。

第1章 指定管理者制度のジレンマ

共有しつつ、指定管理者制度を進化させていくことが両者にとって必要となっている。また、ジレンマを生む根底には、地方公共団体のガバナンスと民間企業等のガバナンスの違いが存在する。地方公共団体のガバナンスは議会と民主主義であり、民間企業等のガバナンスは株主と資本主義等[2]を基本とする。こうしたガバナンスの違いを相互に認識しつつ、その違いをいかに克服しジレンマを最小化し連携の新たなガバナンスを進化させるかが根本的課題となっている。

1.2 民間化政策・行財政改革と指定管理者制度の導入

指定管理者制度は2003年の改正地方自治法施行で導入された制度であるが、それ以前から地方公共団体の施設管理には旧管理委託制度等が導入されてきた。この旧管理委託制度は指定管理者制度導入とともに廃止された[3]ものの、地方公共団体の運営では旧制度の性格を強く残した実務の実態があること、指定管理者制度自体の制度導入の経緯や公の施設の概念の整理等において不明確な点を残しつつスタートしていること、などが指摘できる。指定管理者制度が抱える今日のジレンマを生み出す要因となった導入経緯と制度としての基本的性格を以下でまず整理する。

1.2.1 民間化政策の流れ

日本の民営化・民間化の政策は、1980年代の日本国有鉄道・日本電信電話公社・日本専売公社の3公社民営化から本格始動し郵政事業等組織体の民営化を経て、2000年代ではPFI（Private Finance Initiative）法（民間資金等の活用による公共施設等の整備等の促進に関する法律、1999年施行）やそれに続くコンセッション（Concession）の導入など事業方式の

---

2) NPO等の非営利法人のガバナンスは、社会貢献活動と資源配分の公益性等。
3) 管理委託は現行制度でも選択可能であり、委託組織を限定していた旧管理委託制度は廃止となっている。

21

図表1-1 公の施設の管理運営の構図

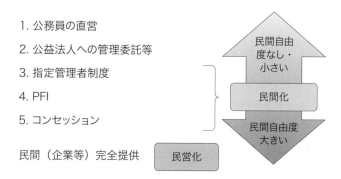

多様化が進められ、国を中心とした制度設計と事業展開の流れが広がってきている（図表1-1）。こうした流れの中で指定管理者制度も公の施設の管理手段として、2003年の改正地方自治法施行により地方公共団体に導入されている。なお、国では指定管理者制度の導入はなく、類似の仕組みとしては包括的民間委託制度[4]が導入されている。

国が指定管理者制度を、地方公共団体に導入した経済社会要因の大きな流れは何か。第1は、導入検討当時（1990年代後半以降、橋本内閣から小泉内閣への時代）に本格化していた行財政改革のひとつである公益法人改革を推進すること、第2は、第1に関連し公益法人等に限定されていた旧管理委託制度を廃止し、公の施設に民間化の流れを規制改革や市場開放政策の観点から推進すること、第3に、先行検討していたPFI等の視点を拡大することで公の施設の管理運営に対する効率化のモデルを構築することの3点を指摘できる。

以上の流れを反映しつつ地方公共団体に具体化する際に、民間化政策の大きな要素としての「民間の創意工夫・ノウハウを活用」し「公共サービスの効率化」を図るという観点から自治事務の下に位置づけられたのが指定管理者制度である。以上の意味から、指定管理者制度は、公共サービス

---

[4] 包括的民間委託とは、2001年の国土交通省による「性能発注の考え方に基づく民間委託のためのガイドライン」による委託。性能発注の考え方に基づく施設の管理運営を中心とした業務に適用する委託手法。

改革法[5] とも連動しつつ、行財政改革、市場開放、規制改革の視点をもちつつ導入されている。

1.2.2 行財政における指定管理者制度の位置づけ

(1) 官民連携による資産管理運営

指定管理者制度は、条例の定めに基づき地方公共団体が指定する法人その他の団体[6] に、地方公共団体の資産である公の施設を管理させることができる外部委託制度のひとつである。導入前の業務委託や旧管理委託と比較されることが多い制度でもある。前者の業務委託は、清掃や警備等の個別事実行為に関して契約として民間企業等に作業を委託する方式であり、後者の旧管理委託は、条例に基づき締結される契約によって特定の施設の包括的な事実行為に関して公益法人等限定的組織に任せる方式であった。

前述したように指定管理者制度は、旧管理委託制度（旧地方自治法244条の2第3項）を見直して導入された制度であり、条例に基づき展開される。指定管理者制度の特色としては、①公益法人等に委託対象の組織が限定されていないこと、②公の施設に関する事実行為としての管理のみではなく、一定の権力的行為を含む管理権限（使用許可権限）を指定管理者が担うことができることなどにある。すなわち、公の施設としての機能も含めた公共性の最終的な担保は施設の設置責任者としての地方公共団体がもちながら、事実行為のみではなく一定の権力的行為[7] も含めて管理権を民間企業等に委ねる仕組みである。

このため、指定管理者制度を規定する地方自治法244条の2では、①住民の平等利用の確保や差別的取扱いの禁止の義務づけがあること、②指定管理者選定手続等に関する条例制定と指定に関する議会承認により民主的コントロールを受けること、③同様に管理基準や業務の範囲等については

---

5) 2006年に制定された国や地方公共団体の提供する公共サービスの質の向上・効率化を実現するため、民間委託の促進を定めた法律。基本理念、官民競争入札・民間競争入札の手続、民間業者の公共サービス実施等について規定。

6) 民間法人、その他の団体で法人格は不要。ただし、個人は不可。

7) 権力的行為とは、住民の権利義務に影響を与える行為をいう。

条例で定めること、④毎年度、指定管理者は事業報告書を提出することなどが定められている。

　以上のように指定管理者制度は、公の施設に関する権限や責任のすべてを民間企業等に移す民営化ではなく、施設の設置責任と施設の管理やそこから提供される機能を民主的コントロールの下で最終的には地方公共団体が担保しつつ、官民連携を展開する民間化に属する制度設計となっている。

(2) ガバメント（縦型）からガバナンス（横型）

二元論の制度設計

　指定管理者制度を含めた官民連携の仕組みは、行政と民間を制度的に明確に切り分けてきた従来の法律（公法、私法）・会計（公会計、企業会計、税務会計）・人事制度（公務員、民間人）そして組織体質（民主的コントロール、資本的コントロール）が連携して行動することを意味している。しかし、その連携のバランスが十分ではなく軋轢が生じ多くのジレンマを生み出している。

　制度導入から15年以上が経過し、指定管理者との契約更新が重なる中（指定管理者の指定期間5年間が7割強）[8]で制度的なジレンマが個別に改善される一方で、新たなジレンマが発生し積み残され堆積する構図ともなっている。地方公共団体と民間企業等の自発的協働による両者間の整合性の確保が困難な場合、指定管理者事業はもちろんのこと協働関係をめぐるコンプライアンスの劣化とリスクが拡大し、制度自体の持続性を困難化させる要因となる。ジレンマの改善が進まない場合、官民連携の持続性が失われるだけでなく、民間企業等の指定管理に対するモティベーションが低下し、そのことは最終的に公の施設を通じた公共サービスの機能の劣化、持続性の確保の困難化を生じさせることに留意すべきである。

　日本の従来の制度は、「官と民」、「公と私」を明確に切り分ける「二元論（又は二分論）」による制度設計を基本としてきた[9]。二元論とは、公共性があると判断されることは行政が担うのを基本に、公務員と民間人、公

---

8) 総務省自治行政局（2019.5.17）「公の施設の指定管理者制度の導入状況等に関する調査結果」による。
9) 宮脇淳編著、佐々木央・東宣行・若生幸也著（2017）pp. 70-72。

図表1-2　ガバメントからガバナンス

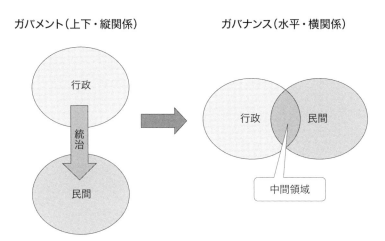

法と私法、公会計と企業会計、さらには公物と私物等を明確に切り分ける制度設計である。そこでは、政治・行政、民主的コントロールによって機能する公的領域と、市場・企業、資本によって機能する私的領域が切り分けられ、権利と義務が設定される制度となっている。行政と民間では異なった行動原理や意思決定の構図をもち、そのことを前提に社会システムの基本が形成されてきたのである。指定管理者制度導入前の旧管理委託制度も行政と民間を明確に切り分け、公物と私物を明確に切り分け、公の施設の管理は公益法人をはじめとする公的領域の組織等に限定してきた経緯がここにある。

脱二元論の制度設計

　指定管理者制度は、二元論による制度的な切り分けを見直し、官と民の中間領域で協働展開することを意図している。具体的には、二元論における「行政は指示する人、民間は作業する人」の縦の上下関係（ガバメント［government］関係）から脱却し、民の創意工夫・ノウハウを反映させる「行政と民間が共に考え共に行動する」ことを可能にする仕組みへの進化を意図している（図表1-2）。この「行政と民間が共に考え共に行動する」

ための仕組みづくりには、行政と民間が従来の縦の関係を脱して、横の水平的関係（ガバナンス［governance］関係）による機能・責任、リスク分担等を新たに構築することが求められる。旧管理委託の縦型の関係から指定管理者制度では、横型のガバナンス関係を重視する構図への転換である。

2003年改正地方自治法施行に伴う総務省自治行政局長通知[10] では、指定管理者制度に関して、①多様化する住民ニーズにより効果的、効率的に対応するため、公の施設の管理に民間の能力を活用しつつ、住民サービスの向上を図るとともに、経費の節減等を目的とするとしている。それに続き指定管理者に関する事項として、②地方公共団体が指定する法人その他の団体に公の施設の管理を行わせる制度であり、その対象は民間企業等を幅広く含むこと、③条例の定めるところにより地方公共団体の長は指定管理者に「使用許可」を行わせることが可能であること、そして④指定にあたって議会が議決すべき事項として、指定管理者に管理を行わせようとする施設名称、指定管理者となる団体名称、指定期間等を提示することが示されている。以上の趣旨を実現するためには、官民関係の進化が不可欠となる。

1.2.3　行財政改革における公益法人改革の影響

(1) 旧管理委託制度

地方自治法（244条の2第1項）では、地方公共団体は公の施設の設置又は管理に関する事項を条例で定めるとしており、それを受けて旧管理委託（旧地方自治法244条の2第3項）では「公の施設の設置の目的を効果的に達成するため必要があると認めるときは、条例の定めにより、その管理を普通地方公共団体が出資している法人で政令で定めるもの又は公共団体若しくは公共的団体に委託することができる」と規定していた。

「公の施設の設置の目的を効果的に達成する」とは、公の施設の管理を委託することで、地方公共団体が自ら管理するよりも一層向上したサービ

---

10) 総務省自治行政局長（2003.7.17）「地方自治法の一部を改正する法律の公布について（通知）」総行行第87号による。

スを住民が受け、ひいては住民の福祉が増進していくことを意味している。この点では、指定管理者制度の民間のノウハウを活用する目的が共有されている位置づけにある。

一方で管理受託者としては、①地方公共団体が出資している法人で政令で定める者、②公共団体（当該普通地方公共団体以外の地方公共団体のほか、土地改良区など普通地方公共団体以外の公法人で一定区域の一定の資格要件を有する者によって構成されるもの）、③公共的団体（農業協同組合、生活協同組合、地縁による団体のように公共的な活動を営む者をいい、法人であるか否かを問わない）としていた。こうした限定性の背景には、前述した二元論、縦のガバメントの発想で官と民を明確に切り分け、公共性があると位置づけられる機能は行政ないしは行政に準ずる組織が担うとする考え方が存在する。

そのほか、条例に基づき締結される契約であること、管理権は設置者たる地方公共団体が保持すること、施設の使用許可や基本的な利用条件の設定を受託者は行えないこと、などの性格を有していた。

（2）公益法人改革

公益法人改革の流れとともに、指定管理者制度が規制改革・市場開放の一環として導入された経緯があることはすでに整理した点である。公益法人改革は、2001年1月に設置された政府の行政改革推進本部で「特殊法人改革」「公務員制度改革」「公益法人改革」の3本柱のひとつとして位置づけられていた。小さな政府を目指し、民間企業等に任せられる領域は民間に任せる行財政改革の中で、非営利部門の活性化を目的としたのが公益法人改革である。

民法で規定されてきた公益法人制度は、1896年の民法制定以来見直しが行われてこなかった分野であることから、①許可制の下で公益法人の許可の公平性等の担保が十分ではないこと、②許可の基準が不明確になりやすいこと、③公益性の基準も時代によって変化すること、④営利法人類似事業にもかかわらず公益法人には税制優遇があり、民業圧迫の側面があることなどの指摘が展開されてきた。こうした指摘を受け、民法改正や公益

法人法制定[11] が行われている。

　指定管理者制度は、以上の行財政改革の視点からスタートした公益法人改革の流れで、公の施設の領域を民間領域に開放した規制改革の性格をもっている。一方で、公の施設さらには公物自体の性格や位置づけに関しては、根本的な見直しは行われていない。このため、二元論的縦型のガバメント視点との間のジレンマだけでなく、公物概念とのジレンマも抱える現状となっている。地方公共団体の民間領域に視野を広げたガバナンス、そしてコンプライアンスの充実が図られない場合、公益法人改革で指摘された、①指定の公平性等の担保が十分ではないこと、②指定基準が不明確になりやすいこと、③公益性の基準も時代により変化すること、などの課題を指定管理者制度も再び抱える危険性がある。以下では、これまでみた旧管理委託制度以外の民間委託制度と指定管理者制度の比較、そして公物管理と運営権制度の考え方を行財政の面から整理する。

1.2.4　官民連携手法との関連性

　公共施設の管理は、国又は地方公共団体等の法定管理者が行うことが原則となっている。しかし、これまでも官民連携の推進の中で最終的な責任・権限等を法定管理者に留保しつつ、縦型ではあるものの施設管理のうち定型的な業務は、様々な手法により民間企業等に委ねられてきた。

(1) 民間委託の意味

　民間委託は、私法上の請負契約で当事者の一方が特定の仕事を完成させることを約束し、相手方がその仕事の結果に対して報酬を支払う「請負」、法律行為ないし法律行為ではない事務を委託する「委任」に大きく分けられる。その中で、公共サービスは、①民間が効率的・効果的に実施できる場合に民間委託を推進することが法令上可能な業務、②行政自らが執行することとなっている業務で法令によって民間委託が不可能な業務に分けら

---

11) 公益社団法人及び公益財団法人の認定等に関する法律（2006）。

れ、①について従来から民間委託が展開されてきた。

　しかし、2006年に制定された公共サービス改革法（競争の導入による公共サービスの改革に関する法律）では、行政機関が自ら実施すべきと考えてきた業務でも、委託先の従事者に関する守秘義務や、みなし公務員の規定を置き、民間企業等が当該業務を実施することができる環境づくりを求めており、民間委託の対象となる業務範囲の拡大も含めた見直しが進められてきている。

(2) 業務委託

　指定管理者制度と類似した民間委託として、業務委託がある。業務委託は、基本的に清掃、警備、保守管理等の事実行為が対象とされ、公益法人等に限定することなく民間企業等に委ねてきた制度である。業務委託は、公の施設に関する個別の業務、すなわち、具体的には①清掃等の事実行為、②申請書の受理や許可書の交付等管理権限を民間企業等に移さずに地方公共団体側に留保した上で、地方公共団体が定める基準に基づき行われる定型業務、③公の施設で実施されるイベント等企画業務などである。

　以上の事実行為に関する個別業務は、指定管理者制度と異なり管理権限が地方公共団体に残されることから現在でも業務委託により展開することとなる。これに対して指定管理者制度は、①公益法人等に委託対象が限定されていないことは業務委託と同様であるが、②公の施設に対する事実行為としての管理のみではなく、一定の権力的行為（使用許可）を含む管理を民間企業等が担うことができる点で大きな違いがある。

　なお、①地方公共団体は当然に法令に違反して事務処理を行うことができないため、法令に基づき行政たる地方公共団体が自ら実行すべきものとされる業務について民間委託はできないこと、②定型的・機械的業務は民間委託に適している一方、裁量的・判断的要素を相当程度含む業務は、法令上民間委託が可能でも必ずしも一律的に民間委託に適するとはされないこと、③地方公共団体の行う統治作用に深く関わる業務、具体的には公の意思の形成に深く関わる業務や住民の重要な権利義務について定め、あるいは重要な施策に関する決定を行うなど、住民の生活に直接・間接に重大

な関わりをもつ業務は、民間委託に適さない場合があること、④住民の権利義務に深く関わる業務については、民間委託等の場合は守秘義務や、みなし公務員規定などの必要な措置を講じること、⑤利害対立が激しく、公平な審査・判断が必要とされる業務などについては、民間委託に適するか否か地方公共団体で慎重に判断すること等が必要となる。

(3) 指定管理者への使用許可権限授与の範囲

2003年の地方自治法改正においても、公権力の行使は地方公共団体の長に一身専属的に帰属している権限であることに変更はない。しかし、使用許可権は指定管理者に授権することが可能とされ、使用許可の範疇となる許可の取消し、使用の中止、施設の退去命令、過料の賦課、不服申立てに対する決定は、指定管理者が行うことができる。以上の点は、指定管理者が設置者たる地方公共団体に代わって、住民に対する公の施設の使用許可たる行政処分を行うことを可能としている。この権限授権の前提として、使用許可を定型的で権力性が薄い行政処分と位置づけて、条例の定めによって行うことができるとしている。したがって、非定型的で権力性が強いと判断される使用料の強制徴収権、行政財産の目的外使用の許可権など、法令上、設置主体の長のみが行使できる権限を委ねることはできない。

指定管理者は、一定の権力的行為を含む使用許可権の行使を行うものの、指定管理者に委ねられる権力的行為は、あくまで定型的で権力性が薄い行政処分権限に限られる。こうした限定的な性格の行為、すなわち、裁量的、判断的要素を相当程度含まない業務を、民間のノウハウの活用が伴う民間化の中での位置づけとして公物管理の権力的行為に含めるべきか否か、制度設計においても議論すべき点となる。公益法人改革でも指摘されているように、公益性自体が時代によって変化する中で、従来の権力的行為を一律に位置づけ、指定管理者制度全体をガバメントの縦構造と位置づけることへの問題提起である。

指定管理者制度と業務委託の相違は以下のとおりである（図表1-3）。

第1章 指定管理者制度のジレンマ

図表1-3　指定管理者制度と業務委託の比較

	指定管理者制度	業務委託
法的性格	使用許可の行政処分としての「指定」により、公の施設の管理権限を受けたもので、指定に基づく「協定」の性格については諸説あり。	私法上の契約関係であり、個別業務の執行を委託する。
受託者	民間法人、その他の団体で法人格は不要。ただし、個人は不可。	限定なし。ただし、地方自治法上の禁止規定はあり。
公の施設の管理権限	指定管理者が有し、管理の基準や範囲は条例で定め、具体的内容は協定で定める。	設置者たる地方公共団体が有し、業務の基準や範囲は契約で定める。
公の施設の使用許可等	指定管理者が行うことは可能。	不可。
受託者等の指定	施設ごとに議会議決。	議会議決不要。
受託等の期間	施設ごとに議会議決。	契約で決定。

(4) 包括的民間委託

　さらに問題となるのが、国が導入している包括的民間委託制度との関係である。個別の管理業務をパッケージ化して民間事業者に委ねる点では、指定管理者制度と類似的存在となっている。国には指定管理者制度は設けられていないものの、ここで問題とされるのは、地方公共団体でも包括的民間委託を選択できるかの点になる。

　地方自治法244条の2の第1項は、地方公共団体は公の施設の設置と管理に関する事項は条例で定めなければならないとしており、第3項で公の施設の設置目的を効果的に達成する必要があると認めるときは、条例により指定管理者に当該公の施設の管理を行わせることができると定めている。この規定では、公の施設の設置と管理に関する事項は条例で定めればよく、指定管理者制度はその選択肢のひとつとして位置づけられている。この点からは、条例に定めて包括管理委託を選択肢にすることも可能であり、設置の目的を効果的に達成するため必要があると認められるときは、包括的民間委託にできると解釈することも可能である。ただし、法改正の趣旨を

31

重視し指定管理者制度を活用すべきと解する場合は、条例で定めれば指定管理以外の方法をとることができるとの理解が限定的となる。その場合には従来の実務での一般的な解釈では「そぐわない」、「適切ではない」とする傾向が強くなる。

　しかし、①議会の条例による民主的コントロールが効いていること、②公の施設の設置の目的を効果的に達成するため、官民連携の取組みを常に進化させる必要があることに加え、③少なくとも住民に対して使用許可がされない施設であれば、包括的民間委託を可能にできるのではないかと考えられる。加えて、使用許可があっても前述したように定型的で権力性が弱い行為であり、かつ条例に基づいて授権されているのであれば、使用許可を含む場合も包括的民間委託を可能とする検討も選択肢となり得ると考える。

　地方自治法などの改正の趣旨も踏まえながら、官民連携の形態が進化する中で選択肢の多様化が必要なこと、地方自治法の指定管理者制度の規定が「他の選択肢がない従うべき基準」として位置づけられているのか、それとも合理的理由があれば異なる内容を条例で定めてよい「標準基準」なのか、さらには行為規範に過ぎず参酌行為を行えば異なる内容を定められる「参酌基準」なのか、官民連携が進化する中で再度問いかける必要がある。議会の条例という形で民主的コントロールの下で、選択肢をどこまで柔軟に展開できるか積極的に検討する必要がある[12]。

1.2.5　運営権制度導入と指定管理者制度

(1)　公物管理と公の施設

　指定管理者制度のひとつの原点である「公物管理の権原（一定の法律行為を行うことの法的根拠）」は所有権や設置権等であり、具体的な管理行為は行政組織法上の権限配分規定に基づいて展開されている。国有財産の場合は、国有財産法5条に基づき各府省等の長が行政財産を管理すると規

───────────

12) 宮脇淳（2010）pp. 211-215。

定され、具体的には所掌を定める組織規範に基づき管理権限が各担当に配分されている。この形態と同様に、地方公共団体が保有する公有財産についても、地方自治法238条の2により各執行部局が管理権を行使することになっている。すなわち、行政組織内での権限配分によって、小・中学校や図書館は教育委員会、道路や橋は建設土木担当などに割り当てられている。このため、指定管理者との関係も地方公共団体の各担当を窓口とする形が実務上多い。このため、同一の地方公共団体の指定管理でも統一的整理が弱い事例も多い。なお、地方公共団体の財産は、公有財産、物品、債権、基金（地方自治法237条）に分けられ、公の施設は公有財産の一部に原則的には位置している。公有財産の一部である公の施設に関しては、地方自治法244条第1項で、普通地方公共団体は、住民の福祉を増進する目的をもってその利用に供するための施設を設けるものとするとし、公の施設は条例で定めることとなっている。

(2) 運営権制度の導入

コンセッション

　自由度の高い事業運営を可能にしかつ民間企業等のノウハウを活かしつつ、既存のインフラの価値を高め利用促進を図ることを目的として、2011年度のPFI法改正で導入された制度が施設運営権制度である。具体的には、施設の運営権の設定を行政処分で行い、管理運営は条例、実施方針、実施契約等で規定し、利用料金の授受権や運営権の物権的性格を認める制度である。いわゆるコンセッションである。

　コンセッションは、施設の所有権等は公共が保有したまま、民間事業者に公共施設などの運営権を付与する方式である。PFIのBTO（民間が施設建設し自治体に所有権を移転した上で管理運営する方式）の進化形ともなっており、既存の施設などについて所有と運営を分離し、運営権を民間企業等に売却してそれ以降の運営責任は民間企業等が負う形態である。運営権を民間に売却することで、行政は投入資金の一部あるいは全部を回収することが可能となる一方、施設の所有権等は行政側に残ることから仮に民間企業等が運営に失敗しても公共サービスとしての持続性を担保する手

段が残されることになる。

コンセッションと指定管理者制度

　運営権方式では使用許可権限を授権する法令上の根拠がないため、地方公共団体が所有する公の施設に運営権を設定する場合に、運営権者に対して地方自治法に基づく指定管理者の指定を行う必要があるかどうかが論点となる。

　これに関して、PFI事業契約又は運営権に基づいては行うことができないとされている利用に係る処分の業務は、指定管理者制度を適用することで、はじめて民間事業者が公の施設の管理業務を一体的にできることとなるとする考え方[13] が示されている。しかし、「地方管理空港特定運営事業の実施に係る地方自治法に基づく指定管理者制度の取り扱いに関する国土交通省通知」[14] は、地方公共団体において当該地方管理空港の設置及び管理に関する条例が制定されていることを重視して指定管理者制度による必要はないとし、さらに、内閣府の「公共施設等運営権及び公共施設等運営事業に関するガイドライン」[15] は、「当該空港が地方管理空港である場合には、地方自治体において、設定された運営権に従って地方管理空港運営権者が管理の作用を行うことを踏まえた必要な条例の規定の整備を行うこととなる。したがって、地方管理空港運営権者が地方管理空港特定運営事業を行う場合について、別途指定管理者制度を適用する必要はない」としている。以上の整理は、あくまでも公の施設の民主的コントロールは条例であり、指定管理者制度は手段の選択肢のひとつであり、包括的に条例で定めることは可能とする考え方を示唆している。

---

13) 総務省地域力創造グループ地域振興室（2014.3）「地方公共団体における公共施設等運営権制度導入手続調査研究報告書」による。

14) 国土交通省航空局航空ネットワーク部航空ネットワーク企画課長（2014.8.18）「『民間の能力を活用した国管理空港等の運営等に関する法律』に基づく地方管理空港特定運営事業の実施に係る『地方自治法』に基づく指定管理者制度の取扱いについて（通知）」。

15) 内閣府PFI推進室（2015.12.15）「公共施設等運営権及び公共施設等運営事業に関するガイドライン」による。

1.3 ｜ 民間化理論と指定管理者制度

1.3.1　PPP理論と指定管理者制度

(1)　コーディネート機能とモニタリング機能

　指定管理者制度の実践では、公の施設を通じた公共サービスの管理に関して地方公共団体と民間企業等の間での水平的横関係、すなわちガバナンスによる機能・責任・リスクの分担の明確化が強く求められる。この明確化への努力を双方で進めないと、官民の協働関係がジレンマの関係に変質し、制度矛盾を深刻化させる結果となる。とくに、地方公共団体では、上下関係・垂直的関係のガバメントで指定管理者との関係を認識する傾向が依然として強く、ひとつの独立した法人格を有する民間企業等に対して過度な介入やお願いが行われたり、地方公共団体と指定管理者間では十分な情報共有が行われず、施設の管理運営や公共サービスに関する情報が分断化されることで質の劣化を生んでいる例も多い。その本質的原因は、PPP（Public Private Partnership）を通じた「結びつける機能」（以下「コーディネート機能」）と「効果を見極める機能」（以下「モニタリング機能」）を相互に十分に形成していないことにある。官民の中間領域に対するコーディネート機能とモニタリング機能を相互にいかに形成し機能させるかは、民間化モデルの進化だけでなく、公的部門のコンプライアンス機能の充実、そして最終的には公共サービスの質と持続性確保にも大きな影響を与える要因となる。

(2)　公共選択の考え方

　指定管理者制度をはじめとした民間化政策の考え方の柱となっているのは、「公共選択アプローチ」であり、行財政改革や規制改革とともに公共サービスの効率化と質的改善を意図している。公共選択アプローチの根底には、アンソニー・ダウンズ（Anthony Downs）等が先駆的役割を果たした「公共選択（public choice theory）学派」の考え方が横たわる。公

共選択学派の基本は、ミーゼス（Ludwig von Mises）やハイエク（Friedrich Hayek）等による「方法論的個人主義（methodological individualism）」にあり、さらにブキャナン（James Buchanan）は、人間の尊厳を守ることに最大の価値を置き、人間の尊厳は、選択の自由が保障されていることとしている。これは、人は自由に行動しながら社会へ貢献できる状況に達する必要があり、その論拠をアダム・スミス（Adam Smith）の自然調和理論に求める流れである。アダム・スミスの自然調和理論は、個が最後まで互いに意思疎通することなしに別個に自己利益を追求する姿を描くのではなく、自己利益を追求する行動が最終的には共通の世界観をもち予定調和に達すると考え、そこには、相互間の結びつきの関係が存在するとする。指定管理者制度における協定は、この結びつきに位置する。

　日本でも民営化議論が活発となった1980年代のNPM（New Public Management）理論[16]では、個々の関係も捨て去った「超個人主義」が強調される側面もあった。超個人主義は、「丸裸の個人主義」とも称され、原子化された個が相互に意思疎通することなく、市場を通じて自己利益を追求する行動が社会全体の効用を最適化するという考えが大きな流れとなっている。

　こうした超個人主義に対しては、ルソー（Jean-Jacques Rousseau）の指摘する個の選好の総和に過ぎない「全体意思」を公共の利益に結びつける「個の間の開かれた窓」による応答が不可欠であり、そのことが超個人主義を修正する公共選択アプローチ[17]によるPPP理論へと考え方として結びついている。指定管理者制度も行政と民間企業等が単に全体意思で結びつくのではなく、相互に開かれた窓の形成が不可欠であり、それが指定管理者制度における「官と民が共に考え共に行動する」構図を創り出す。

(3) PPP理論
　PPP理論では、「公共性を行政が独占するべきではない」と位置づけた

---

16) 宮脇淳編著、佐々木央・東宣行・若生幸也著（2017）pp. 50-61。
17) 宮脇淳編著、佐々木央・東宣行・若生幸也著（2017）pp. 70-77。

上で、行政、民間企業、住民等のネットワークによる意思疎通を重視し、開かれた窓によるガバナンスによって公共性を実現していくことを意図している。PPPの考え方の基本は、住民や企業も公共サービスを提供する主体として位置づけ、官と民（企業、NPO［Nonprofit Organization］、地縁団体、住民等）の開かれた協働を重視することにポイントがある。これを実現するため、コーディネート機能、モニタリング機能の強化が重要な役割を果たす。

PPPの本質となる「公共サービスの提供は行政に独占されるべきではなく、住民や企業も公共サービスを提供する主体として認識すべきであること」の考え方は、公共サービス提供主体、その形態と機能が多様化・オープン化することを意味する。指定管理者制度では、多様化・オープン化する対象が公の施設の機能であり、公共サービスの質と持続性を確保するには、コーディネート機能とモニタリング機能の向上が官民ともに大前提となる。そこでは、法令を着実に執行する管理型の機能から、人と人、組織と組織、地域と地域を結びつけると同時に、さらに「共に考え共に行動する」中で公共サービスの質を向上させるネットワークを重視した社会関係資本[18]の存在が重要となる。その社会関係資本を実現するひとつが指定管理者制度、そして前述したコンセッションなどであり、地方公共団体と民間企業等を隔てる二元論的思考を修正する努力が必要となる。

1.3.2 平衡プロセスによるジレンマ

指定管理者制度をめぐる様々なジレンマを生み出す要因のひとつが、二元論的視点にある。そして、指定管理者制度の進化には、民主的なコントロールの確保と住民への効率的かつ質の高いサービス提供、そして民間企業等の独立性・自由度の尊重のバランスを優先する視点が重要となる。その際にポイントとなるのが、バランスの質である。縦型ガバメントによる上下関係が基本体質となっていたこれまでの官民関係では、平衡プロセ

---

18) 野沢慎司編・監訳（2006）pp. 205-234。

ス[19] が強く機能しやすい。平衡プロセスとは、従来の実務が生み出す暗黙のルールによる微妙なバランスを意味する。微妙なバランスとは、端的にいえば、従来の組織体質や制度体質を優先しつつ、その範囲の中で許容できる範囲で新たな制度を漸次的に組み込む姿である。一方で、新しい制度は、実務における暗黙のルールの存在を十分に認識することなく採用されやすい。この場合、従来の暗黙のルールに支えられた行動プロセスにより、新しい制度の目的も含めた有効性が減殺され、ジレンマを生じさせる。

　2003年に導入された指定管理者制度にあてはめれば、それまでの旧管理委託や業務委託等のガバナンス的手法や行政処分の性格が許容できる範囲内で、指定管理者制度を組み込む姿である。その姿が場当たり的、パッチワーク的対応を深刻化させている。

　平衡プロセスが機能する状況下で、考慮すべきポイントを3点にまとめてみよう。第1に、平衡プロセスは暗黙のルールが明示的なルールに優先することによって生じる。指定管理者制度の実践の多くは、規定された構造と実際に行われている内容の間で、大きなジレンマを抱えながら機能している現状にある。第2は、組織的行動はゴールに向かう動きを加速するか妨げるかのどちらかである。このため、指定管理者制度も官民連携で民間企業のノウハウを引き出しつつ展開するガバナンス型に進化するのか、それとも従来のガバメント構造の中に埋没するかのどちらかとなる。指定管理者制度における目的を明確に共有しつつ、体系的な取組みによって少しずつでも進化する方向への努力が必要である。第3は、ジレンマの発生は制度の弱さを示すことである。ジレンマの発生は、無視・否定されるべきではなく、原因に辿りつく価値ある情報として認識し、注意深く考慮されるべきである。指定管理者制度において多くのジレンマを抱える現状は、指定管理者制度自体の弱さを示すものとして受けとめていく必要がある。とりあえずの対処だけを重視しひとつひとつのジレンマに対して場当たり的に対処していけば、パッチワーク的な制度となりジレンマを深めるだけとなる。

---

19) 宮脇淳・若生幸也（2016）pp. 109-111。

1.3.3 自治事務であることと積極的自由の関係

　指定管理者制度は、自治事務として位置づけられている。PFIと異なり法制度上、指定管理者制度は地方公共団体の条例内容や個別判断に基本的に委ねられている。PFIは、国のPFI法等による枠組みが定められ見直しも進められているが、指定管理者制度は地方自治法上に大きな枠組みだけが示され、具体化は地方公共団体の判断に委ねられている。この制度設計については、総務省は「指定管理者制度については、公の施設の設置の目的を効果的に達成するため必要があると認めるときに活用できる制度であり、個々の施設に対し、指定管理者制度を導入するかしないかを含め、幅広く地方公共団体の自主性に委ねる制度となっている」[20] としている。公の施設は管理運営等の実態が地域によって異なり、それに適した内容で地方自治の本旨の下で指定管理者制度の活用を進めていく位置づけにあることを意味しており、画一的制度によって規定することに限界がある点を示している。

　地方自治の観点から、地方公共団体ごとに協定等が異なる内容になる部分があるのは当然である。しかし同時に、地域が異なっても法秩序・法体系の面で確保すべきコンプライアンスの共通の構図がある。この点への認識が不足すると、地方公共団体、指定管理者共に個別の実践面での対処が先行しやすい傾向にあるため、指定管理に対する法的認識の質が異なり、協定等の内容も混沌状態となっていることが様々なジレンマを生み出す。自治事務であっても基本的な法理念・関連基本法の遵守は当然必要となる。

　官民連携において消極的自由と積極的自由の違いを認識することは重要となる。消極的自由とは、既存の経済社会の中で制約を受けている場合、その制約を取り除くこと、すなわち「……からの自由」を意味する。たとえば、地方公共団体が国からの関与や財政制約を軽減したりなくすことが消極的自由に該当する。ここでは、制約を取り除くことを自由と定義している。これに対して、積極的自由とは、制約を取り除くだけでなく自ら新

20）総務省自治行政局長（2010.12.28）「指定管理者制度の運用について（通知）」による。

しい枠組みを形成し生み出す自由、自己の意思を実現し自己の行為や自らの決定に基づいて新たな行動ができること、すなわち「……への自由」を意味する。そこでは制約を取り除くだけにとどまらず、自らどう行動するかを自ら決定することを重視する。

　自治事務である指定管理者制度においては、地方公共団体自身が新たな官民関係を積極的自由の視点から形成することを求められる。そこでは、①これまで国から示されてきた旧管理委託などにより形成された体質を克服し、民間企業等との新たな関係の形成を自ら模索すること、②そこでは地方自治法だけでなく私法関係や民間企業等の構図に対しても視野を広げる積極的姿勢が不可欠となる。

1.4 | 指定管理移行に関する地方公共団体の意思決定の判断基準

　前節までみてきた二元論的体質や平衡プロセスの存在は、中間領域に対するガバナンスの構築の重要課題であると同時に、いかなる公の施設機能を指定管理者制度に移行することが適正か判断することに密接に関係している。

　指定管理者で管理する公の施設の性格・種類・形態・立地、そして展開する事業は現実には多種多様であり、また、地域ごとに指定管理者となり得る民間企業等の数や現状も多種多様であることから、地方公共団体にとって指定管理に移行する公の施設の判断を画一的に整理することは困難となる。そのため、地域の個々の事情を反映させる点で指定管理者制度が自治事務に位置していることは適切といえる。しかし、前述したように、だからこそ指定管理者制度に共通するコンプライアンスそしてガバナンスへの認識が地方公共団体、指定管理者双方に必要なほか、公の施設機能の指定管理者への移行を判断する一般原則への認識が重要となる。そのことは、単に地方公共団体、指定管理者間の関係だけでなく、民主的コントロールの質を向上させ、住民に対する公の施設を通じた機能と責任のあり方を明確にすることに結びつく。

図表 1-4 指定管理者制度への移行の判断基準

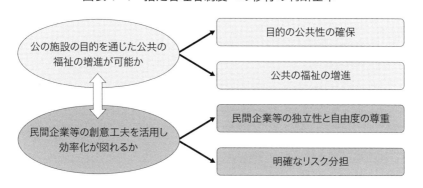

　指定管理者制度に移行するか否かの判断基準として、地方公共団体が踏まえるべき重要事項は、①指定管理者に委ねることで公の施設の機能が公共の福祉の増進に結びつくこと、②管理運営にあたって、民間の視点からの創意工夫・ノウハウの発揮が可能であり、機能の効率性を高めることが期待できること、である。そして、前者についてはさらに「公の施設の目的の公共性が確保できるか」と「公共の福祉の増進が図れるか」が基準となり、後者では「民間企業等の独立性と自由度の尊重」と「明確なリスク分担が実現するか」が基準となる（図表1-4）。

　こうした視点を踏まえて、公の施設の管理運営を直営で展開するか、管理委託や業務委託などによるか、指定管理者によるか等の手段の選択を行うと同時に、地方公共団体と民間企業等の両者間でいかなる権利義務関係を形成するかを検討する必要がある。以下、4つの基準について整理する。

1.4.1　判断基準1　公の施設の目的を通じた公共性の確保

　指定管理者に委ねることで公の施設の目的が実現し、公共の福祉の増進に資するか否かの判断がまず重要となる。もちろん、この判断は一過性の増進ではなく、公の施設の機能として持続性を確保できるかどうかも重要なポイントとなる。持続性の確保は、人的資源や財政の制約が強まる中で、

地方公共団体が直営で行う場合との比較においても不可欠となる。たとえば、民間企業は、第一義的に投下した資本の増殖を図り自らの持続的発展を実現することを本質とする組織体である。これに対して、地方公共団体は公共の福祉の増進を実現することを本質としている。この公共の福祉の増進が、民間企業等に公の施設の管理を委ねても実現できるか、どの程度実現できるかが判断ポイントとなる。そのため、まず目的の公共性の確保について整理する。目的の公共性の確保には、民主的コントロールと競合性の判断が必要となる。

(1) 民主的コントロール

　公の施設が担う目的の公共性の程度を、数値で直接的・間接的に測ることは困難である。このため、目的の公共性に関しては、地方公共団体の首長や議会の民主的コントロールに委ねることになり、その判断に裁量権の逸脱や乱用がない限り、基本的に目的の公共性は確保されると見なされる。地方公共団体等公共部門にサービス提供を独占させることを法定している場合は別として、公の施設の機能が公共性の目的となっているか否かは、当該地方公共団体の地域における公共の福祉の内容とレベルも含めて「地方自治の本旨」に基づいて自ら判断するべき事項となる。したがって、公の施設の機能をなぜ実施するのか、実施が公共の福祉の増進につながる具体的経路は何かについては、定性的かつ民主的な判断に依拠せざるを得ない。

　ただし、この点については、定性的なだけに地方公共団体が十分な説明責任を負うことになる。そこでは、定性的かつ民主的な判断を行った根拠となるプロセス情報の開示も含めて、積極的に行うことが求められる。とくに、地方公共団体の場合は、雇用確保、地元企業との関係等地域政策と密接に関係するため、指定管理移行後に地域政策の課題がリスク化しないようにプロセスも含めた透明化が重要となる。なお、指定管理者制度に移行した後に、移行したことに関する是非について指定管理者側に意見等が寄せられる場合も少なくない。こうした政策判断についての意見は、地方公共団体側が責任をもって対処し説明する必要がある。この点に関連し、

公の施設の管理運営というプロジェクト単位の判断と、地域の雇用や企業への配慮といった地域政策としての判断を分けながら整理する必要がある。なぜならば、プロジェクト単位の判断は指定管理者制度内のスキームの問題であり、地域政策は、地域の所得配分や資源配分といった公共政策全体の問題だからである。このため、後者はより広い視野で指定管理者制度導入によって生じる課題を他の政策選択により補完や代替する手段はないかなどを検討する必要がある[21]。

(2) 競合性の判断

　目的の公共性についての判断基準のすべてが定性的かつ民主的判断となるのではなく、それを補完する判断基準として当該地域に指定管理事業の実施能力を有する民間企業等が存在するか、あるいは具体的に指定管理者として手を挙げる組織体はあるか、すなわち競合性の判断が実務上重要な意味をもつ。なぜならば、指定管理者として手を挙げる民間企業等がない中で公の施設の機能を提供する場合には、持続性確保の面から行政が直営として担う必然性は相対的に高まる。ただし、その際にも短期的視野ではなく長期的視野から、公の施設の機能の必要性や持続性についての判断が必要であるとともに、よりよい機能の提供にはどのような指定管理等民間化のスキームの形成が可能かを積極的に模索する姿勢が必要である。また、指定管理者の独立性や自由度、そしてリスク分担のあり方について広範に可能性を検討することが求められる。したがって、指定管理者制度の導入の是非を検討するにあたっては、PFI等他の民間化でも展開されている事前の市場調査等の展開は重要となる。

　同時に、事業実施可能な民間企業等が単独の場合は、当該民間企業等が撤退あるいは倒産し機能継続が困難となるなどのリスクにも目を向ける必要がある。こうしたリスクが顕在化した際に、機能の代替を担える行政側のノウハウの蓄積なども大きな課題となる。とくに、公の施設の管理を通じた公共サービスの提供が指定管理者の従業員、すなわち人的資源が展開

21）指定管理者制度導入後に地域政策の変更や新たな展開によって、指定管理事業自体に影響を与える場合、リスクとなることにも留意する必要がある。

する創意工夫・ノウハウと密接に関連してなされている場合は、単に民間企業等の入れ替えでは質を維持できない場合があることにも留意する必要がある。この点においても、民間企業等との情報共有など事前の調査が重要となる。

1.4.2 　判断基準2　公共の福祉の実現可能性

　目的の公共性の判断に加えて、目的を具体化するため指定管理者による公共の福祉の実現可能性の検討も同時に行う必要がある。時代や地域によって公共の福祉の質などの捉え方は異なりまた変化する。しかし、そうした変化にかかわらず指定管理者制度の活用において地方公共団体で共通して満たすべき視点がある。それは、①将来にわたり安定的・持続的にサービス提供が可能か、②事業目的を充足するだけのサービス提供能力の確保と環境整備が可能か、③必要とする住民にサービス提供が行われる体制を形成できるか、そして④経済性が発揮されるかの4点である。

(1) 将来にわたる安定的・持続的サービス供給の可能性
　指定管理の対象となる公の施設の機能は、公共サービスである以上、サービス提供自体の持続性の確保が重要な課題となる。少なくとも、指定管理期間を通じて民間企業等によって担保される必要がある。資本増殖を目的とする民間企業等の場合、特定のサービス供給を将来にわたり安定的・持続的に行うかどうかは、最重要関心事項とはならない。設立目的を見直しながら、新たなサービス提供も含め、資本増殖に向けた一連の取組みを行うことが基本であり、契約での約束がない場合は実施していたサービス供給を見直したり、一部の利用者にのみ提供することも本来的に選択肢となる組織体である。こうした組織体としての性格を踏まえつつ、安定的・持続的なサービスを担保する協定内容等の形成が必要となる。

　そして、指定管理期間が経過した場合、従来の指定管理者が継続的に担う意思をもつか否かも経営判断であり、継続しない場合にはそれまでのノウハウや蓄積した情報等の取扱いも課題となる。これは、地方公共団体に

とって指定管理期間だけにとらわれず、より長期の視野で指定管理者制度の是非を判断する視点ともなる。もちろん、安定性・持続性の担保の度合いは、個別の公の施設の目的などによって異なるものの、地方公共団体及び指定管理者の双方にとって重要な課題である。

(2) サービス内容の十分性

　指定管理者によるサービス提供の持続性担保が可能である場合でも、実際に住民の期待するサービスが提供できなければ、指定管理者としてはその役割を十分に果たしているとはいえない。他方で、地域住民が求めるサービスの内容を実現できるかの評価基準は流動的であり、時代や地域によっても異なる。加えて、指定管理者へ創意工夫を求める場合、サービス内容を地方公共団体の発想や従来の管理の延長線上だけで整理することも不適切となる。どこまでどのような方法でサービス提供すれば十分なのかは、公の施設に期待されているサービスレベルを検討し、そのサービスの中で必ず達成すべき絶対的なものと相対的なものを区分けし、目標との比較によって決めていく必要がある。決めた事項については、曖昧性等を可能な限りなくし、協定で内容を明確化することが求められる。

(3) サービス供給の実現性

　サービス提供に支障がなくサービスの十分性を担保できる指定管理者であっても、実際に地域住民に対して期待されているサービスが提供できなければ、公共の福祉を増進する役割を実現しているとはいえない。また、正当な理由なく一部の住民への使用等を拒否する不公平性も生じないようにする必要があることは周知のとおりである。公の施設の使用者・利用者が当該地方公共団体の住民を中心としている場合、サービス供給対象者に対する供給状況を示す指標を把握することなど自主的なモニタリングも含め充実させることで、定量的かつ継続的な評価を展開する必要がある。

(4) 経済性の発揮

　経済性の発揮とは、最小費用で最大の効果を実現することであり、これ

は民間企業等、地方公共団体を問わず、すべての経済主体に共通する原則である。効果とは、事業目的と位置づけられているサービス提供の質であり、地域や時代によって可変的な性格をもつことはすでに整理したとおりである。これに対し、経済性が発揮されているかどうかの判断は、効果との対比における費用の最小化の視点から評価することが中心となる。この費用の最小化について留意すべき点がある。

第1は、費用の最小化は絶対的評価ではなく効果との関係における相対的評価であり、費用が増加していてもそれを上回る効果の向上がある場合、あるいは費用が不変でも効果が向上している場合には経済性は発揮されていることになる。逆に、費用が減少していてもそれを上回る効果の悪化が生じている場合等は経済性が発揮されておらず低下していることになる。費用を単純に削減することだけで経済性を判断することは、公の施設の機能の質を低下させる要因となる。

第2は、単年度の収入支出の関係にとどまらず、中長期的視野をもって財務リスクの認識と分担を行うことが重要となる。ある時点において費用を最小化したとしても、将来に負担を先送りし潜在的リスクを拡大させていれば、経済性は実質的に悪化する。こうした点は、財務情報としての企業会計と公会計、さらに税務会計との関係、そして地方公共団体の予算制度と民間企業の財務運営との違いも十分認識し判断していく必要がある。

(5) 判断基準についての留意点
分解と「合成の誤謬」

公の施設の目的の公共性や公共の福祉の実現可能性を判断する際には、事業全体で考えるだけではなく、指定管理者に委ねる管理機能をいくつかに分解できる場合には、ある程度分解したセグメントの単位でその充足度合いや管理の質を認識することが必要となる。

ただし、分解だけにとどまり全体を再度体系化せずに評価することは、逆に公の施設の機能に合成の誤謬を生じさせることになる。合成の誤謬とは、部分的な適正性は実現していても、公の施設としての全体の管理の適正性は低下させている構図である。そもそも、指定管理者制度は特定施

設の管理を民間企業等に委ねる仕組みであり、一定の法人格や基本的人権を有する指定管理者の取組みとなる。したがって、指定管理者の業務を分解する際には、それぞれの公共性等の重要性を相対化して認識すると同時に、過度に指定管理者に介入することがないように常に財務や人的資源も含めて全体の整合性・最適化、効率性を中心に配慮する姿勢を重視しなければならない。

地域政策との関連

公共の福祉の実現に関連し、地域政策との関係に留意する必要がある。前述したように指定管理者制度は特定の公の施設の管理運営に関して民間企業等に委ねる仕組みであるが、同時に地方公共団体の視点からは地元企業や地元の雇用等と関連した事項でもあり、地域政策と密接に関連する結果となる。指定管理者制度への移行においては、①まず公の施設の管理運営というプロジェクト・事業単位の問題として認識し、その持続性、実現性、経済性を判断する必要がある。その上で、②地域政策の観点から指定管理者との関係に関与する際には、次にみる民間企業等の法人格の独立性や基本的人権、そして独立性や自由度の尊重等に留意すると同時に、③指定管理者制度単独ですべてのことを解決するのではなく、ポリシーミックス、すなわちいくつかの政策手段を重ね合わせて地域政策の効果を確保する等の視点が不可欠である。

公共性の相対化と民間企業等の創意工夫・ノウハウの活用

指定管理者制度を導入する地方公共団体にとって、民間のノウハウを活用するとはどういうことか、この点をまず考える必要がある。地方公共団体によっては、公の施設の管理運営を以前の上下関係・縦型ガバメント関係の発想で展開している事例も少なくない。創意工夫の発揮やノウハウによる管理運営の動機づけは何か、指定管理者制度を機能させる本質を共有する必要がある。

・公共性の相対化

創意工夫・ノウハウは、民間企業等にとって独立した法人格として適正

な自由度を前提として市場で持続的に成長し、投下資本の増殖を実現していくために必要不可欠な存在である。そのため、前節でみた公共性や公共の福祉の増進に関しても、私的自治の原則、契約における信義則、取引の安全等私法上の規範によって相対化される領域があることを認識する必要がある。指定管理者制度を通じて民間企業等の創意工夫・ノウハウを活用するには、適正な自由競争の確保や契約の原則を尊重することが大前提である。資本主義・自由主義を基本とする日本において、法的にも契約内容が自由競争を阻害ないし著しく制約する場合は、無効や取消しの対象ともなり得る。それは、地方公共団体側に指定管理者に対する指定の取消し権があるのと類似の意味をもつことになる。指定管理者制度を具体的に考える場合、政策的・法的にも公の施設の管理運営に対して自由度等の視点を公共性判断とのバランスにおいて可能な限り組み込む姿勢がまず地方公共団体側の課題となる。

・相対化の限界

　もちろん、公の施設の管理という公共サービスを対象とするため、公共性・公益性からの制約は第1・2の基準で示したように必要となる。しかし、適正な自由度や次にみる民間企業等の独立性・自立性を大きく阻害する内容では指定管理の成果は期待できず、公共性の面から大きく制約する必要がある場合、すなわち、公共性の絶対性を担保する必要がある場合は、直営や管理委託等他の手段を選択すべきである。

　指定管理者制度を地方公共団体が選択する場合、まず、公共性、公益性の面を踏まえ、適正な自由競争と民間事業者の法人の独立性等を担保することがどこまで可能か当該施設の機能面も含めて精査し、仮に自由競争の導入が当該施設の公共性等を大きく阻害するあるいは制約する場合は、具体的に理由を明確にした上で、直営等の選択肢を検討することである。

　この点を精査せず、単に一過性のコスト削減を重視して指定管理者制度に移行しても質の向上や持続性において大きな課題を抱えるだけでなく、住民への公の施設を通じた公共サービス提供の質を最終的には劣化させることになる。指定管理者制度を地方公共団体が選択する際には、官民両者を通じた体系的な判断が必要となる理由はここにある。

第1章 指定管理者制度のジレンマ

コンプライアンス視点の拡大

　以上の点は、指定管理者制度を活用する場合、公的領域と民間領域の中間領域に存在していることから、公的領域でコンプライアンスを形成してきた地方公共団体の公の施設の管理運営の視点について、民間的視点（契約的視点等）を組み込まなければならないことを意味する。それは、単に契約法に限定されず、労働関係、経済関係の法規にまで視野を広げる必要がある。

・偽装委託

　たとえば、地方公共団体が指定管理者の従業員に対して直接的に指揮命令を行うことはできない。労働法上可能な場合は、①指定管理者の従業員が地方公共団体に出向する場合、②労働基準法に基づき指定管理者の従業員を地方公共団体に派遣する場合であり、それ以外の方法により地方公共団体の職員が直接的に指定管理者の従業員に指揮命令することは偽装委託となる可能性をもつ。

　したがって、指定管理者が地方公共団体に代わって使用許可、使用料徴収などの事務を行っている場合であっても、地方公共団体職員が指定管理者の従業員に直接の指示を行った場合は偽装委託となる可能性があり、地方公共団体職員が指定管理者に指示を行う場合には、指定管理者の責任者に対してのみ指示を行う必要がある。

　この点に関連し、刑法7条が「『公務員』とは、国又は地方公共団体の職員その他法令により公務に従事する議員、委員その他の職員をいう」としているため、指定管理者の従業員も法令により公務に従事している職員である「みなし公務員」と解されるとの考え方から、指定管理者の従業員はみなし公務員として地方公共団体が直接指揮命令を行うことが可能と解するのは不適切である。なぜならば、刑法規定は刑法適用場面の犯罪主体としての公務員に該当すると定義しているだけであり、労働法において公務員と見なされているわけではないことに留意する必要がある。

・経済関係法

　また、経済関係法への配慮も必要となる。たとえば、岩手県の第三セクターで農産物、菓子、地域工芸品等の流通販売を展開してきた岩手県産株

49

式会社が2018年11月に公正取引委員会から独占禁止法に基づく警告を受けている。警告は以下のとおりである。

（1）岩手県産は、納入業者のうち、1か月間における特定商品^(注3)の仕入金額（消費税相当額を除く。）の合計額が100万円以上となった納入業者のほとんど全てに対し、平成29年7月から平成30年9月までの間、自社の収益状況を改善するために、当該納入業者の責めに帰すべき事由がないにもかかわらず、当該合計額に2パーセントを乗じて得た額に108パーセントを乗じる方法により算出した額を「事務手数料」と称して、当該納入業者に対して支払うべき代金の額から減じていた事実が認められた。

(注3)「特定商品」とは、岩手県産が納入業者から仕入れた商品のうち、物産展において販売するために仕入れた商品等を除いたものをいう。

（2）岩手県産の前記(1)の行為は、独占禁止法第19条（同法第2条第9項第5号ハ〔優越的地位の濫用〕）の規定に違反するおそれがあることから、公正取引委員会は、岩手県産に対し、今後、このような行為を行わないよう警告した。

以上の公正取引委員会の措置は排除措置命令ではなく、警告である。警告段階でも、こうした行為を今後にわたって行った場合は、優越的地位の濫用に該当する可能性があるとして、その内容をすべて明確に提示している。上記の例は、第三セクターが自らの財務状況の悪化に対する補てんとして納品業者等に負担を転嫁要請したものであり、排除措置命令になると課徴金も科せられる結果となる。

独占禁止法は、事業者又は事業者団体の行為を規制する法律であり、国や地方公共団体が事業活動を行っている場合にも独占禁止法上の事業者として規制対象となる。公正自由な競争が確保されるべき市場活動では、事業者は自らのノウハウによって消費者から選ばれる魅力的な商品やサービスを提供することで競争関係を形成する。事業者間の競争によって、最終的に消費者の利益が確保される。このことを担保するのが独占禁止法であ

り、①私的独占の禁止、②不当な取引制限の禁止、③不公正な取引方法の禁止、④企業結合の規制、そして、補完法として下請代金支払遅延等防止法がある。

地方公共団体自体が事業を行っている場合でも、独占禁止法関連法規の適用がある。たとえば、次の事例がある。地方公共団体の指定管理に関する基本協定のリスク分担表において、「税制変更で一般的な税制変更（消費税等）は、指定管理者が負担する」という内容に、双方の代表者が捺印して協定が締結されていた例がある。これは、要求水準書段階から同様の内容となっており、要求水準の質疑応答でも同様の内容が地方公共団体側から回答されている。しかし、消費税の引上げに伴う転嫁が最終消費者に適正に行われない場合、事業者が負担することになる。

こうした事態を避けるため消費税転嫁対策特別措置法では、①消費税転嫁の拒否の禁止、②消費税転嫁の阻害の禁止、③価格表示の特例、④一部カルテルの容認の4つの特別措置を講じている。とくに①消費税転嫁の拒否の禁止では、価格交渉で不利な立場にある中小企業等が消費税の転嫁を拒否されないようにするためのもので、指定管理を通じた地方公共団体と民間事業者等の間でも同様の考え方となる。

指定管理をすべて行政処分の権力関係の中にあると解することは、適切ではない。民間企業等の創意工夫・ノウハウは自由度の尊重による成果であり、自由度の尊重は公平で水平的な関係を基本とする。その意味から地方公共団体においても民間の創意工夫・ノウハウを引き出すPPPの展開では、契約関係を基本とする私法や市場への理解を深める必要がある。

1.4.3 判断基準3 指定管理者の独立性・自由度の尊重

指定管理者制度に対する民間企業等に関する判断基準として、ノウハウの発揮が可能であり、機能の効率性を高めることを期待できることが重要であり、判断基準3の「指定管理者の独立性・自由度の尊重」と判断基準4の「明確なリスク分担」が実現できることが不可欠となる。そのため、地方公共団体での判断においても、どこまでこうした点とバランスをとり

公共性の確保が可能かを理解していく必要がある。

　以上を踏まえて、判断基準3・4を以下整理する。第3は、指定管理者制度が地方公共団体に代わって公の施設を管理することを、独立した法人格や基本的人権を有する組織体等主体に移すことから、指定管理者の独立性や自由度、そして基本的人権の尊重をどこまで十分に確保することができるかの判断である。

(1) 尊重の意味

　独立した法人格を有する組織体に対して外部組織が指揮命令権をもつには、強い法令の根拠が必要であり、そもそもその範囲と深度には限界がある。この点は、法人格を有しない場合でも、基本的人権の問題として位置づけることができる。委任行政の受任者である指定管理者の組織構成に対しても民主的コントロールが及ぶべきとする考え方もある。しかし、指定管理者が法人でない場合は、組織構成の問題が生じる余地はほとんどなく[22]、また、法人の場合はたとえば株式会社制度の基本理念や株式会社の独立性を侵害する地方公共団体の介入は、本質的に委任行政の趣旨にも反し限界があることへの認識が必要である。

(2) モニタリングの重要性と限界

　たとえば、独立性・自由度の確保に関して常に問題となるのは、モニタリングのあり方である。モニタリングは、指定管理者による自主的モニタリング、地方公共団体によるモニタリング、公認会計士等第三者による外部モニタリングの類型が存在する。

　まず、指定管理者による自主的モニタリングが本質な位置づけとなる。独立した法人格として、適切にモニタリングが行われているかを指定管理者自身が示す必要があり、それが適切に実施されている場合には、地方公共団体のモニタリング等の負担が軽減される。

---

22) たとえば、組合組織の場合は組合自身が権利義務の主体となることはなく、法律的には組合員個人の権利義務に置き換えて考えるため基本的に組織としての構成問題等は生じない。ただし、以上は民法上の捉え方のため、特別法では法人格を認めているものもある。

第1章　指定管理者制度のジレンマ

　次に地方公共団体のモニタリングは、指定管理者によるモニタリングが適切に実施されていることの確認が重要であり、実施の確認がなく精査を行うことは地方公共団体、指定管理者双方にとって負担が増大する。とくに、地方公共団体のモニタリングは、実施状況の確認等にとどまらず、地方公共団体側の公の施設に関するノウハウの蓄積・向上を重視する必要があり、情報化等を活用し適切かつリアルタイムに情報共有とモニタリングに努めることが重要となっている。それにより、地方公共団体自体の公の施設への管理能力の維持・向上を図る必要がある。

　また、第三者によるモニタリング、すなわち外部監査については指定管理者制度の導入と同時に、監査制度の強化が地方自治法改正によって導入されており、監査専門委員制度等を活用した外部監査が行われている。ただし、こうした監査権も管理に係る出納その他の事務の執行に限定され、経営全般に関わる出納や他の事務の執行まで及ぶものではない。指定管理者の水増し請求等不正な事務処理が行われることに対する監査等による対処は必要である。その場合でも経営と管理を分離しつつ、独立性等を尊重する基本姿勢が必要となる。

　以上のように、公の施設に関して指定管理者制度を選択するか否かの判断に関しては、当該公の施設が担う機能の公共性、経済性、そして民間のノウハウ可能性等を検証し判断していく必要がある。その際に指定管理者制度は、①従来の管理委託制度とは構図が異なること、②求めるべき公共性に関しては、業務ごとに相対化して認識すること、③指定管理者は法人格あるいは基本的人権を有していることを踏まえる必要があり、官民連携をする場合、役割・責任の分担とリスクの分担の明確化を図ることが極めて重要となること、また、④指定管理者制度への移行に関連する利害関係集団との調整や地域政策への配慮によって、一定以上の経済性の発揮が求められたり、民間のノウハウが制約を受ける場合には、指定管理自体の選択肢の可否を再度検討する必要がある。

53

1.4.4　判断基準4　行財政体質との明確なリスク分担

　第4は、今後最も取り組むことが求められているリスクに関する課題である。この課題を改善、克服する努力を重ねることは指定管理者制度の持続性だけでなく、地方公共団体自体の信頼性を高めるためにも不可欠な課題となる。リスクに関する課題は、リスクへの適切な認識と官民間の分担の明確化である。まず、行政機関の内部統制、リスクマネジメントについて整理し、それを踏まえ指定管理者制度に求められるリスク分担について整理する。

（1）リスクマネジメント

　行政機関の内部統制は、①業務の有効性・効率性の確保・充実、②業務情報の信頼性の確保・充実、③業務活動に関する法令遵守の確保・充実などを目的とする。内部統制を機能させる重要な要素は、①統制環境の適切な把握、②リスク認識と対応の確保・充実、③実施活動の徹底、④モニタリング機能の充実にある。この中でとくに指定管理者制度との関係で新しくかつ密接な関係を有し、従来の行政機関が大きく不足する要素は、②リスク認識と対応の確保・充実である。リスクを適切に認識し分担することは、公の施設の指定管理の目的達成に影響を与える阻害要因を地方公共団体と指定管理者の双方の視点から識別、分析・評価し、当該リスクへの適切な対応を行うことを意味する。

　そこでは、①リスクについて出来事・原因・対応分担・対応手段を適時・的確に把握すると同時に、リスクが顕在化したとき、対策を敏速に選択できる体制を整備すること、②事業に関係するリスクを適切にコントロールするプロセス、すなわちリスクマネジメントの機能を確立すること、③リスクには、内部の要因で発生するリスクと外部の要因により発生するリスクがあり、いずれのリスクに対してもリスクの内容と発生原因を洗い出し識別し、見つけ出したリスクが顕在化する可能性の高さと影響の度合いの観点から評価すること、などが前提となる。

　その際に、地方公共団体の組織内部の要因で発生するリスクを単純に民

間企業等に転嫁する姿勢であると、指定管理の取組みの持続性は困難となる。リスク分担の原則は、①リスクに対して対応力の高い者がまずリスクを分担すること、②自ら抱えるリスクを単純に相手方に転嫁することは不適切であること、③リスクに関する出来事・原因・対応分担・対応手段の4点を曖昧性や多義性なく可能な限り明確に規定することである。

リスクへの具体的な対応としては、①受容＝特別な対策を設けずリスクを受け入れる考え方、②回避＝撤退などリスク自体を避けて通る考え方、③低減＝リスクの発生確率やリスク発生時の影響を抑える考え方、④移転＝保険やアウトソーシングの活用など組織外部にリスクを転じる考え方、などがある。目的の達成の障害となるリスクを観察に基づき常に把握し、以上の方法又は方法を組み合わせて、具体的な対応策を決めることが重要となる。

従来の地方公共団体では、リスク自体に対する認識が不十分であり、認識が不足する中で基本的に①の受容によりリスクを無意識な部分も含めて受け入れ、将来に先送りする中で顕在化した際には自ら対処する流れが中心となっていた。こうしたリスク受容が主流であった背景には、リスクが顕在化した際には右肩上がりを期待した規模拡大による処理が現実的であったことによる。しかし、そうした時代がすでに過去のものとなっていることは周知のとおりである。

(2) リスクマネジメントの実効性

リスクマネジメントの実効性とは、リスクマネジメントを展開しつつ指定管理者制度の本来の目的を達成することを意味する。実効性の確保のための対応は、逸脱型、未来型、探索型、設定型、終結型に分けられる。目標とは、指定管理者制度の目的を達成するための段階的接近における各段階のゴールを意味する。したがって、実効性の確保は、第1段階では指定管理者制度の目的を維持しつつ、公の施設の管理目標や手段の見直しを行うことが中心となる。しかし、第2段階としては、指定管理者制度選択の適正性の判断が必要となる。

①逸脱型対応は、指定管理者制度の目的の達成を維持しつつ、公の施設

の管理の接近プロセスがリスクの顕在化等によって維持できない場合、原因を明確にして新たな接近プロセスつまり協定内容等の見直しを行うことである。

②未来型対応は、指定管理者制度の目的の達成を維持しつつ、公の施設の管理に関する目標への接近スピードの維持がリスクの顕在化で困難となった場合、原因を明確にしてプロセスを維持しつつ、協定内容の見直し等を通じて目標値への接近スピードとそれに基づく手段の新たな設定を行う。

③探索型対応は、指定管理者制度の目的の達成を維持しつつ、公の施設の管理に関する目標の水準の見直しを行い、協定内における目標変更を優先して行い、そのギャップを埋める接近プロセスや手段の最適化を図る。

④設定型対応は、指定管理者制度導入の目的自体の再検証を行い、目的の新たな設定の中で公の施設の目標などのプロセスと水準を改めて設定する。この場合は、協定だけでなく条例等にも視野を広げて判断する。

⑤終結型対応は、指定管理者制度の目的自体を再検証し、指定管理者制度の採用を見直す。

とくに、資源が限定的となる中で、公共施設の再編、官民連携、自治体間連携など新たな枠組みを模索しつつ、公の施設の必要性自体についての議論も最終的に重要となる。リスクマネジメントの質的向上は、地方公共団体の執行部たる行政機関だけでは実現しない。議会におけるチェック機能においても単なる批判ではなく、以上のリスクマネジメントを重視した議論が重要となる。

(3) 指定管理者制度のリスクマネジメント

指定管理者制度が、民間のノウハウを活かした住民サービスの向上と経費削減を可能とするために導入されたものであることを考えると、指定管理期間中の責任分担とリスク負担を明確にすることは極めて重要である。公の施設の責任とリスク分担が明確になって、指定管理料や指定管理者の

組織や体制、経営努力のあり方なども想定可能となり、ノウハウ等の発揮やコスト水準の判断へと結びつく。

　本来のリスク分担は、地方公共団体が一方的に定める性格ではなく、民間企業等がリスクを想定することで参入のメリットとデメリット、あるいは地方公共団体として指定管理者制度を選択肢とするメリット・デメリットが形成される。少なくとも、民間事業者としては、リスク・デメリットが明らかにならなければ、積極的な参入は選択できない。なぜならば、リスクによるデメリットが顕在化したときに、当該事業でいかなる対応が求められ、その結果、どのような費用負担が発生する可能性があるのかを検討する必要があることによる。民間企業等においては、常に、合理的な意思決定に向けて経営判断としてリスクの洗い出し、責任負担などを検証する決定過程が求められており、適切なリスク判断ができてはじめてノウハウを最大限活用できる提案が可能となる。

　そのため、リスク分担では発生する可能性のある事象、その事象の発生する原因、とるべき選択肢、費用や損害の負担について具体的に検討する必要がある。指定管理者制度のリスクマネジメントにおいて重要な点は、地方公共団体や指定管理者がそれぞれの立場でリスクを認識するだけでは不十分なことである。リスクの認識、その上に立ったリスクの分担の相互の認識の共有・協議から進める必要がある。それは、リスクに対する認識自体が、官民間の従来の組織体質によって異なるからである。

(4) 指定管理における行財政面のリスク認識

　官民ではリスク認識が異なる。地方公共団体では、法令に基づき展開している行為でありリスクと認識しない場合でも、民間企業等にとってはリスクとなることがある。こうした官民両者の認識相違により生じるリスクで日常業務に関して密接に関連するものとして、①予算制約リスク、②政治リスク、そして③プロジェクトの意識不足によるリスクを整理する。

財政法に基づく予算制約リスク

　地方公共団体の予算制約によるリスクは、指定管理者制度にも日常的に

大きな影響を及ぼす。たとえば、第2章で具体的にみるように一定額以上の修繕は地方公共団体側の役割としている場合でも、民間企業等と異なり、地方公共団体では予め予算措置をしていないことが一般的である[23]。このため、修繕が必要となってもすぐに協定どおりには対応できず、このことが公の施設の管理に影響を与え民間事業者にとって大きなリスクとなる。

　たとえば、民間企業の場合、企業会計制度に基づき将来確実に発生する支出に対しては、減価償却や退職給与に代表される引当金を計上、さらに、確実とはいえないまでも一定の確率に基づき発生するリスクは、予防保全の考え方から貸倒引当等の措置を行い、リスクを最小にする努力を行うことで企業の持続性を確保する。これに対して地方公共団体の予算制度は、根本的には財政法に基づいており、柱となる原則は、①「会計年度独立性の原則」（財政法12条）と②「現金主義」（財政法2条）である。

　①地方財政における会計年度独立性の原則は、企業の会計年度が区切りをつけるための形式的性格が強い一方で、財政法に基づき強い実質的制約要因となっている。その理由は、同じ会計年度で「納税者の負担と受益」を一致させることが財政民主主義の要望と考えているからである。当該年度の経費は、当該年度の歳入（税等）で賄うことが原則とされ、財政法上、翌年度以降に繰り越せる制度は、繰越明許費、継続費等に限られている。このため、施設を建設すれば将来において維持管理費や更新費が必要となるのは避けられないものの、民間企業のように引当する措置が普通会計等では存在しない。例外的に一般財政と切り離して「基金」（企業会計の「目的準備金」に近い）を積み立てる方法はあるが、厳しい財政状況では資金をストックとして確保することに限界がある。将来、確実に必要となる支出に対しても厳しい状況にあり、発生するかどうか確実ではない将来のリスクに対する歳出への計上は実務上論外という状況になる。

　②現金主義は、歳出・歳入に計上できるのは、当該年度の現金の受け払い（収入・支出）と規定されており、現金の受け渡しを伴わない場合は、歳入・歳出には計上できないルールとなっている。たとえば、現金の代わ

23）地方公共団体の一部ではあるが独立した会計制度をもつ公営企業等では、企業会計的要素を組み込んでいる。

りに地方公共団体に土地で納税（いわゆる「物納」）されたとすると、地方公共団体にとっては土地が引き渡された段階では税収として歳入に計上できない。その土地が売却できて現金が回収できたときに、歳入計上となる。この発想が将来リスクへの対応にも影響し、現金を伴わない概念は、予算として認められないのが基本体質となっている。最近では、地方公共団体の上下水道等公営事業等には、発生主義原則が導入（公会計改革）され、現金主義の見直しや厳格な単年度主義の見直しが進められている。しかし、地方公共団体の財政の柱である普通会計等では依然として現金主義[24] が基本となっている。

　以上から地方公共団体の普通会計との関係を中心に主に展開される指定管理者制度の場合、財政法とそれに基づく予算運営の原則が大きく影響を与えており、担当者がある程度認識できた場合でも財政担当との関係では、リスク対応への考え方の共有は極めて困難な状況にある。地方公共団体、指定管理者を問わず、財政や公会計の都合を単純に受けとめるのではなく、常に企業会計的視点で財政や公会計との乖離を認識し地方公共団体とも検証する姿勢が必要となる。そして、地方公共団体では金額に関係なく、財政民主主義に基づく予算編成には時間を要することも民間企業の視点からはリスクになる。

首長・議会との関係による政治リスク

　経済・市場の変動でリスクが発生するのと同様に、地方公共団体では首長の交代や議会構成の変化などにより政治リスクが生まれる。それだけではなく、首長や議会に変更がなくても、地域政策や公共投資の変更等によって指定管理者との協議では想定していなかった事由が発生し、指定管理者側では当初需要見通し等に大きな変化が生じる場合もある。

　また、本来は長期的視野に立って政策展開することが公共セクターの役割であり、長期的にみれば住民に対する公共サービスの持続性確保において、将来のリスクに備えるべきなのは明らかである。しかし、将来に備え

24）たとえば、企業会計とは異なり将来必要となる職員の退職給与や施設の更新費用等を引当金として事前に準備することは原則として行われず、毎年度の予算で計上し措置する。

59

ることは一方で財政政策的には足元の歳出削減を意味する。政治的には、足元の利害調整や利益誘導の手段が細ることを意味し、とくに、4年間の任期のある首長・議会議員にとっては、足元の利害調整を優先する傾向が強くなる場合もある。たとえば、将来の支出に備える基金の創設や同基金への財源の繰入れ、施設の将来の維持管理費や更新費用を事前に積み立てることは、一方で足元の予算配分の財源を制約することになり、「現在の住民の税負担に対応した受益を提供していない」とする理由で反対する意見も少なくない。このため、本来は長期的視野に立って資源配分すべき政治家自体が、短期的視野で足元の歳出を重視する視点が強いほど、将来へのリスクを拡大させやすい体質となる。

　指定管理者制度の選択においても、実質的に予算削減を大きな動機として導入する地方公共団体も多いため、将来に備える歳出を事前に確保することはさらに劣位となりやすい。指定管理者制度の選択は効率性の改善という側面をもつと同時に、一方で地方公共団体自らの財源等資源配分を確保するため可能なコストやリスクを、指定管理者側に移転するという構図も結果として存在する。こうした構図は、地方公共団体と指定管理者間の信頼関係の形成を困難化するため、指定管理自体の持続性を低下させる要因となる。

プロジェクト意識不足のリスク

　指定管理者等民間化の取組みは、財政面でみれば地方公共団体の財政（公会計）と民間企業等の企業会計が連携しなければ信頼関係を十分に形成できない。PFIは、地方公共団体には従来極めて薄かった「プロジェクト概念」を組み込む大きなきっかけとなっている。プロジェクト概念とは、たとえばひとつの施設についてひとつの完結した事業として捉え、将来必要となる費用やリスクも認識してフルコストを把握（いわゆる「ライフサイクルコスト」＝企画・建設から最後の破棄までに必要なコスト）し予算措置を行っていく方法である。フルコスト概念は民間事業者では当然の視点であるものの、地方公共団体の財政では当然とはいえない。地方公共団体の予算書では、基本的に人件費、運営費、維持管理費等費目ごとに分か

れ、たとえばA施設の運営に関するフルコストを単年度であったとしても把握する仕組みになっていない。このため、間接経費（本社経費）を含めるプロジェクトコストの概念に関して理解が不足する場合も生じている。民間事業者等は、直接経費＋間接経費＋適正利益が活動のベースとなる。しかし、地方公共団体は、将来コストの把握は当然のこと、施設の運営・維持管理に必要なコストも含めたライフサイクルコストを認識できていないのが実態である。このため、そういった認識できていないコストやリスクを放置すると、住民や民間企業等の負担に結びつく危険性がある。以上は、プロジェクトという単位での概念が地方公共団体側で希薄なことにも起因している。

　以上のように、制度的要因もあって地方公共団体で危険予知や予防保全のコストを予算計上することは難しいのが地方公共団体の財政の現状であり、少しでも改善していくためには、指定管理期間におけるライフサイクルコストを明示しお互いに認識することである。情報に対する共有度には、認識・理解・納得・行動がある。予算に計上するのが行動レベルであるが、まず入口の「認識」、すなわちライフサイクルコストの存在を地方公共団体とともに共有することで、5年間の指定管理期間であればその間に必要となるコスト（危険予知・予防措置・リスクへの対応も含む）の存在を知ることである。その上で、ライフサイクルコストについて「理解」、すなわち存在だけでなく賛否は別でもその内容がわかったというレベルまでお互いに共有し、「納得」、すなわち理解だけでなく必要な事項として相互に認め合うことが重要となる。

（宮脇 淳）

【参考文献】
塩野宏（2012）『行政法Ⅲ──行政組織法　第四版』有斐閣
野沢慎司編・監訳（2006）『リーディングスネットワーク論──家族・コミュニティ・社会関係資本』勁草書房
松本茂章編著、中川幾郎・金井利之・片山泰輔・金山喜昭・伊東正示・桧森隆

一著（2019）『岐路に立つ指定管理者制度——変容するパートナーシップ』水曜社

宮脇淳（2010）『創造的政策としての地方分権——第二次分権改革と持続的発展』岩波書店

宮脇淳・若生幸也（2016）『地域を創る！「政策思考力」入門編』ぎょうせい

宮脇淳編著、佐々木央・東宣行・若生幸也著（2017）『自治体経営リスクと政策再生』東洋経済新報社

第 2 章

指定管理者制度の
行財政的ガバナンス問題

第 2章では、第1章でのジレンマの検討を通じて整理した考え方を基礎に、指定管理者制度の行財政面からのガバナンス問題について検討する。指定管理者制度の実践では、公の施設を通じた公共サービスの管理運営に関して地方公共団体と民間企業等の間での横型の水平的関係、すなわち自発的信頼関係を基礎としたガバナンスによる機能・責任・リスクの分担の明確化が強く求められる。その自発的信頼関係の前提となるのは情報の不完全性の克服である。本章では、指定管理者制度の情報の蓄積と移転に関する不完全性等をガバナンスの中核的課題として取り上げ整理する。

2.1 指定管理者制度のコンプライアンスとエビデンス

2.1.1 コンプライアンスの充実

(1) コンプライアンスの本質

第1章でみた指定管理者制度の抱えるジレンマを克服し、地方公共団体と民間企業等の間のガバナンスの充実に向けて、官民を通じたコンプライアンス関係を向上させることは喫緊の課題である。なぜならば、指定管理者制度の審査、協定の内容、実施を通じた情報共有、モニタリングの充実等に至るまで、体系的にコンプライアンスの構図を構築し向上させることが、現在の場当たり的・パッチワーク的対応を改善し、制度の持続性と進化性の確保に向けて不可欠となっているからである。

コンプライアンスは、「応じること・従うこと・守ること」を意味している。この言葉は、これまで主に民間企業等が法令や社会的倫理を遵守することの意味として活用されてきた。2000年代に入り公金執行の適正化や官民連携の活発化を受け、第5章でみる内部統制とそれを支えるコンプライアンスの重要性の指摘が国や地方公共団体等公的部門にも広がってきている。コンプライアンスの本源的目的は、民間・公的組織を問わず、法

令や倫理等に基づく活動を定着させ、社会的な信頼性を組織として確保し向上させることにある。この意味から、単に形式的に法令を守ること（いわゆる「依法主義」）ではなく、指定管理者制度において積極的に官民の組織価値と連携価値を高めていく姿勢が求められる。

　地方公共団体のコンプライアンスの根幹は、地方公共団体に対する住民の信頼感を確保し高める努力を行うことにある。地方公共団体の職員・組織は、地域全体に対する貢献者として、公平・中立な姿勢が前提となる。そこで求められるコンプライアンスの姿勢は、異なる価値観や利害関係に真摯に向き合う地道な姿勢である。とくに、基礎自治体では、多様な価値観との協働関係を形成し維持することが求められる。このため、より高く強く適切なコンプライアンスの形成が必要となる。

(2) 指定管理者制度のコンプライアンス

　もちろん、コンプライアンスにおいてまず実践的核となるのは、法令に基づく指定管理者制度の展開である。国・地方公共団体を問わず公務員、そして公的組織の基本原則のひとつが法令に基づく職務の展開にある。この点は当然といえるものの、その前提として地方公共団体の職員自体が組織的に法令の基本的知識を十分に理解し実践する力を備える視点と努力が必要となる。とくに指定管理者制度の場合、地方公共団体を律する法令だけでなく、民間企業等の活動を律する私法関係、そして両者の新たな関係を形成する視点が求められる。すなわち、

　①行政活動の中核を形成する公法分野のみならず、民法・商法等私法分野の知識も公務員に不可欠と認識すること。民間を律する法令や会計制度等を理解した上での連携が、官民の相互信頼関係を形成する前提と認識し、地方公共団体の職員に求められているコンプライアンスの質と範囲を拡充する必要がある。

　②法令の根底にある倫理や社会的規範などを意識すること。倫理とは、人間行動における選択を規制する内面的規範であり、客観的な社会規範としての価値観が前提として必要となる。加えて、倫理観には人間としてどこの国、どこの地域、いかなる時代にも共通した規範だけで

なく、国・地域や時代等で倫理的価値観が異なり多様化が進んでいる規範が存在する。この倫理的価値観の多様化が社会的ジレンマを生む要因ともなっている。とくに、地方公共団体の場合、法令ではカバーされていない領域や法令の適用において実質的にかなりの裁量権をもつ場合が多い。その意味から、現場と接している地方公務員の倫理観や使命感等は、多様でかつ一層高い水準が求められることになる。

③不正・不祥事の防止効果があること。この防止効果の発揮には、内部統制が重要な意味をもつ。内部統制とは、単に監査やモニタリングを行うことではなく、自発的に組織の協働体制を形成することであり、その目的は、業務の有効性・効率性の確保、業務情報の信頼性の確保、業務活動に関する法令遵守の確保、などが挙げられる。内部統制を機能させる要素としては、統制環境の把握、リスク認識と対応、統制活動、モニタリング機能等の充実があり、職員への本来的意味のコンプライアンスの浸透は、今後、さらに重要な課題とならざるを得ない。

内部統制、そしてコンプライアンスの充実と向上は、指定管理者と地方公共団体の相互の関係をいかに形成し機能させるかを考える場合に重要となる。その際にまず踏まえるべきことは相互の自発的な協働によるガバナンス機能を充実させる仕組みと関係づくりである。

2.1.2　行財政のエビデンス

(1) エビデンスの重要性
政策におけるエビデンスの意味

エビデンス（Evidence：根拠）による政策展開とは、政策選択の背景となる政策情報の見える化・可視化とその共有を意味する。たとえば、当該公の施設の地域にとっての必要性を何によって判断し、事業計画の前提となったコスト計算はいかなる根拠で試算したのか、試算に対していかなるリスクを認識したかなどプロセスを含めて明確にすることである。特定の利害関係者間や政治的パワーゲームによる調整ではなく、当該選択肢を選んだ理由を明確に住民や納税者にも説明することを担保した議論が必要とな

る。とくに求められる点は、単独の選択肢だけを示すのではなく、政策選択肢を複数示し背景にある情報を共有しつつ比較を行うことで客観性を担保することである。

議会としての行政へのチェック機能は重要である。しかし民主的コントロールはそれだけではない。情報公開請求、住民監査請求、住民投票、行政事件訴訟等住民の問題意識や直接の政策参加意識が徐々に高まる中で、自治体経営の面からも政策情報の見える化・可視化が不可欠な課題となっている。

法的エビデンスと政策的エビデンス

指定管理者制度の選択や展開においても、エビデンスに基づく判断が必要となり、そのことは同時に住民等に対する説明責任を果たす意味合いからも重要となる。ただし、留意すべき点がある。それは、エビデンスのふたつの類型に対する認識である。ふたつの類型とは、法的エビデンスと政策的エビデンスである。

法的エビデンスとは、過去の出来事に対する適法・違法、適切・不適切等を判断するための情報であり、政策的エビデンスとは、将来の姿を描き組織や事業のあり方を判断する情報である。政策的エビデンスが不可欠とする将来に向けた推測的証拠は、常に不確実性、すなわち、リスクを必然的に抱えざるを得ない。この不確実性を有効に活用するには、民間企業で常態化しつつあるリスクマネジメントの充実の視点を地方公共団体や指定管理者制度でも徹底する必要がある。

とくに、民間企業等は、指定管理事業のリスクが明らかでなければ積極的な参入は行えない。なぜならば、第1章でもみたようにリスクのデメリットが顕在化した際に、当該事業でいかなる対応が求められ、その結果、どのような費用負担が発生する可能性があるのかの検討が必要となるからである。民間企業等は、常に、合理的な意思決定や経営判断を行うためのリスクの洗い出し、責任負担などを検証することが求められており、適切なリスク判断ができてはじめてノウハウを最大限活用できる提案が可能となる。そのため、リスク分担では発生する可能性のある事象、その事象の

発生する原因、とるべき選択肢、費用や損害の負担について具体的に検討する必要がある。指定管理者制度のリスクマネジメントで重要な点は、地方公共団体や指定管理者がそれぞれの立場でリスクを認識するだけでは不十分であり、リスクの認識、リスクの分担に関する相互認識の共有・協議から進める必要がある。こうした取組みを支えるのが、政策的エビデンスである。

　また、政策的エビデンスを法的エビデンスと同様に位置づけてしまうと、外部環境変化への対応が常に遅延し実質的な負担を拡大させるとともに、指定管理者制度の場合は地方公共団体と指定管理者間の信頼関係の形成を困難にする。不確実性から生じるリスクを受けとめないことは、公の施設の管理を通じた公共サービスの改善のチャンスを制約し、政策の進化を失わせる要因ともなる。また、地方公共団体では足元の2〜3年の視野だけではなく、10〜20年といった経済社会の構造的変化を見据えた議論が必要であり、そのためには長期的視点からの推測的証拠の形成と活用を行える組織的体力の養成も重要となる。視野が長期化すればするほど、リスクは輻輳化し拡大する。不確実性を生み出す変動要素は、時間軸の長さとともに拡大するからである。そういったリスクをマネジメントする視点が重要となる。

(2) 財政情報のエビデンスの質

　指定管理者制度をめぐるエビデンスの中で、重要な要素となるのは財政情報である。予算をどこに配分しどれだけ支出するかだけでなく、財政情報に着目し、官民連携に向けた制度運営の改善の視野を広げていく必要がある。その視野の原点は、未来とリスクをみることである。

　財政情報を支える公会計の大きな目的は、財政民主主義の充実を通じた財政統制の進化と自治体経営の質的健全性の向上にある。前者の財政民主主義の充実を通じた財政統制では、財政法の諸原則に基づき議会の審議・議決で予算が成立し、議会の議決のとおりに執行しているか否か決算を通じて確認することが中核的課題となる。すなわち、予算・財政の民主的コントロールによる妥当性の担保である。

しかし、さらに財政統制を進化させるには、予算・決算プロセスの妥当性に加えて、財政情報の質に関する適正性の評価が必要となる。適正性を担保する評価軸は、①責任の明確化、②有用性の重視、③保守主義の重視、④帰属の明確化である。

①責任の明確化は、当然に予算の管理・執行等に関する責任の所在を明確にすること、②有用性の重視とは、住民が財政について認識し理解するために必要な内容になっていること、④帰属の明確化とは、財政支出に伴って生じた資産・負債等ストックの帰属がどこにあるかを明確にすることである。帰属の明確化は、指定管理者制度に密接に関連する公物管理への統制の適正性が関連する。

そして、これまで以上に今後に向けて重視することが求められるのが、③保守主義である。保守主義とは、将来も含め住民に不利益を与える情報を予め確実に住民に伝えることを意味する。この点は、財政法の単年度主義とやや異なる側面をもつ。単年度主義は、予算の歳入・歳出は会計年度で決められた期間ごとに区切って議決を受けることで、財政の透明性を確保することを意図している。

しかし、保守主義の原則では、将来の歳出や何らかの住民負担が不可欠あるいは不確実性はあるものの発生する危険性がある場合は、それに関した財政情報すなわち将来のリスクを認識・共有し、予算の是非を判断することが求められる。このため、議決対象となる予算自体は単年度主義が基本となるものの、予算審議の前提となる情報として将来に与える影響等を明確にすることが保守主義の基本となる。

したがって、議会で単年度の予算を審議・議決する場合に議決対象となる予算書だけでなく、その予算書の注記や参考資料で将来に与える影響等を明確にし、それを認識・理解した上で審議・議決することが必要となる。さらに、リスク情報自体に大きな進化をもたらす情報化時代が到来し、エビデンスの質が20世紀と21世紀の今日において大きく異なってきている点にも留意する必要がある。

以上のような財政情報のエビデンスの質の向上は、第1章でみた財政制度によるジレンマを改善することにも大きく貢献する。

2.2 │ 指定管理者制度の行財政プロセスのガバナンス

　ガバナンスとは、横型のネットワークとして相互に自発的な信頼関係と
協働関係を形成し秩序を維持していくことを意味する。以下では、指定管
理者制度の条例制定から協定締結までに焦点をあて、行財政プロセスのガ
バナンスを機能させる考え方について検討する。

2.2.1　指定管理者制度の実践的権原・条例制定

(1) 条例の位置づけと民主的コントロール

　地方自治法の規定に基づく公の施設の指定管理については、設置と管理
に関する事項を議会議決で定め、さらに議会の指定議決を経て、地方公共
団体の長が指定管理者に当該施設の管理を代行させる制度である。指定管
理者の指定手続、指定管理者が行う管理の基準、業務の範囲等については
条例で定めることとしている。条例制定により指定管理の基本を形成する
ことは、地方自治の本旨に従った民主的コントロールを重視すると同時に、
指定管理者に関する基本的事項は条例が本質的な根拠となることを意味す
る。

　2003年7月の総務省自治行政局長通知[1] では、条例で①申請の方法や選
定基準を定めること、指定の申請では複数の申請者に事業計画を提出させ
ること、②管理の基準については、住民が利用するにあたっての基本的な
条件のほか、当該公の施設の適正な管理の観点から必要不可欠となる業務
運営の基本事項を定めること、③業務の範囲として具体的に範囲を規定し、
施設の目的や態様等に応じて設定することなどを求めている。

　なお、地方公共団体のすべての施設が対象ではなく、地方公共団体の施
設のうち公の施設であること、そして公の施設がすべて指定管理者制度と
なるのではなく、公の施設の設置目的を効果的に達成することに適してい

---

1) 総務省自治行政局長（2003.7.17）「地方自治法の一部を改正する法律の公布について（通知）」
　総行行第87号による。

ると判断されたときに選択されることになる。したがって、公の施設を委託する場合、指定管理者制度が義務づけられているものではない。

(2) 条例の規律密度

　以上のように条例で制定すべき事項が示される一方で、どこまで細かく定めるかについては、民主的コントロールと行財政の機動性・秩序の関係から指定行為、協定と続く中でその内容と密接に関連する事項となる。指定管理者制度の具体化の根本規範は地方公共団体の条例であり、条例で基本的事項を明確に定めることが可能であれば、指定管理者制度に関するジレンマの多くは改善される。

　しかし、実務的には①条例制定や見直しには地方議会の手続が必要であり政治的要因が強く影響するほか、②条例として内容を細部まで制定すると硬直的になりやすく環境変化に対応しづらいこと、③条例は指定管理者に関する公法上の関係を規律することを目的とするため、指定管理者たる民間企業等の権利やリスク分担等私法上の関係を定めることには限界があること、などにより条例によって指定管理者制度のすべてを律することは非現実的となる。したがって、民間企業等の創意工夫と法人格の独立性・自由度の向上を踏まえ、条例では公法関係の基礎的事項を定め、具体的な管理運営事項、権利関係、リスク分担等については後でみる協定に委ねるのが基本となる。

　条例に関しては、①権利を制限し義務を課する場合は条例で定める必要があること、②条例において指定管理者への規律密度を上げておくことは、法規範によって直接的に公の施設の管理運営の質を明確にして指定管理者との関係の内部統制を強固にする一方で、指定管理者の管理運営の硬直性を高める可能性があり、むしろ民間企業等の創意工夫を活用する場合は規律密度を下げることなどに留意する必要があることなどが指摘できる。

2.2.2　議会の指定行為の位置づけ

　条例により指定管理の基本的内容を定めることは、自治事務としての位

置づけの基礎であり、それに基づき議会の議決で指定行為を行うことは民主的コントロールの下で民間企業等に対する委託行為が行われることを意味している。指定管理者への指定という行政処分の一種によって、事実行為としての管理だけでなく、必要に応じて使用許可権限も含めた公の施設の包括的な管理権限を民間企業等が代行することを許す制度が指定管理者制度である。この指定によって、設置者たる地方公共団体に代わって、民間企業等が管理主体となる。その管理主体としての機能は、私的契約に基づく管理代行部分と使用許可等行政処分の部分を含むものとなっている。

指定管理者は、設置主体たる地方公共団体に代わって公の施設に関する住民への使用許可権限をもつ場合があると同時に、住民の平等利用を確保し、差別的扱いをしてはならない等の公法上の義務を負う。条例に定められた業務の範囲が指定行為によって民間企業等に授権され、同時に義務の範囲も形成する。なお、指定に関しては、①住民の平等利用の確保、②公の施設の機能を最大限発揮すると同時に効率性が図られること、③事業計画に沿った管理を安定的に行う物的・人的能力を有することなどが重要な判断視点となる。条例で明確に定められた義務に指定管理者が違反した場合は、指定取消しや業務の一部停止等の措置の対象となる。

2.2.3　情報の不完全性と協定の性格

条例及び指名行為に続いて締結されるのが協定である。協定では、指定管理の業務の内容や指定管理者の権利義務を具体的に定める。このため、指定管理者制度のガバナンスを考えるにあたって、実務面で最も重要でありかつ論点となるのは協定の性格である。協定の性格をいかに考えるかで、公の施設の実務的な管理を通じた地方公共団体と民間企業等の間のガバナンスの構図が大きく異なったものとなる。そして、地方公共団体、民間企業等共に協定とは何かを体系的に考え、相互の認識のズレをまず共有する必要がある（図表2-1）。

実務上、ジレンマを発生させる問題の根底には協定の考え方がある。指定管理者の指定は行政処分と解しても、条例ですべてが規定されていない

図表 2-1　指定管理者制度の課題の体系

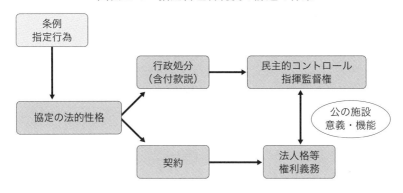

限り指定管理者の指定だけでは、事業報告書の提出期限、委託料の額、委託料の支払方法、施設内の物品の所有権の帰属等管理業務を行うに際して必要な事項を定めることはできない。加えて、すでにみたように条例自身で公法関係以外のリスク分担等私法的関係を詳細に定めることは不適切でもある。このため、実質的に民間企業等との協議に基づき協定を定めるのが一般的となる。地方公共団体と指定管理者との間において、詳細な内容を明確にするのが協定である。

　この協定の性格をいかに解するかは、指定管理関係のコンプライアンスだけでなく、実際の事業展開をめぐる役割と責任の分担、リスク分担の関係、財務や税務関係、そして民間の創意工夫の展開など広範多岐にわたる問題と関連する。地方公共団体、指定管理者を問わず指定管理の現場においては実践対処優先型となりやすく、官民の法律関係の基本をどのように認識し理解するか等の検証は劣位となり、体系的ではないパッチワーク的対処になっている現状がある。

　こうした現状を克服し、指定管理者制度に関する官民間の信頼関係を形成するには、自治事務であるからこそ基本に戻って法的性格や基本的考え方の体系化に努力する必要がある。その核となる問題が協定である。ただし、協定の位置づけは法的問題にとどまらない。協定を通じて地方公共団体と民間企業等は約束を結ぶ。この約束の交渉プロセスと内容を通じてどれだけ、地方公共団体と民間企業等の間で完全な情報共有に近づける努力

を重ねるかは指定管理者制度の質を左右すると同時に、公の施設を通じた公共サービスの持続性にも決定的な影響を与える。

(1) 情報の不完全性がもたらす本質的課題

情報の不完全性とは何か

協定は、指定管理者が公の施設の管理運営を行うに際して、地方公共団体との間で結ぶ実践的な約束である。この約束を通じた情報共有に不完全な面があれば、地方公共団体と指定管理者の相互にいかなる状況が生じるか整理する必要がある。

情報の不完全性とは何か。それは、地方公共団体と指定管理者間での約束に関する情報について、質と量の面から偏りがあるだけでなく、曖昧性や多義性があることを意味する。指定管理者が担うべき役割や負担するリスク、地方公共団体が担うべき役割や負担するリスク、さらには協定外の事項に対していかに対応するかなど、現実の協定には情報の不完全性が多く存在する実態にある。こうした実態がもたらす本質的課題は、情報の非対称性と不確実性である。

①非対称性

非対称性とは、情報の質や量、そして内容の曖昧性や多義性が存在することにより、地方公共団体と指定管理者間に、逆選択とモラルハザードを生じさせることである。第1の逆選択とは何か。協定を通じた情報の非対称性の存在が、地方公共団体そして指定管理者間の両者に対して、公の施設の管理運営に関する手段の選択肢を制限し、よりよい手段を選ぶ可能性を自ら制限あるいは閉ざしてしまう状況を意味する。たとえば、公の施設として災害時にいかなる対応を行うのか、あるいは民間人たる指定管理者の職員に対してどこまで地方公共団体は指示命令できるのかなど、不明確であればあるほど災害時の段階で混乱を生じさせ、適切な対応が困難となる。

そして、より深刻な課題として生じるのが第2のモラルハザードである。情報の非対称性は、地方公共団体と民間事業者間の情報の分離を深刻化させる。情報の分離は、地方公共団体と指定管理者間で相互の意思と行動の

歪みを発生させ、結果として相互に隠された行動が生じることから最終的に信頼関係、すなわち、ガバナンスとコンプライアンスの質を低下させ、相互の効率的な資源配分を歪める結果に結びつく。具体的には、地方公共団体が指定管理者に対するモニタリングを適切に行えない状況や、指定管理者が公の施設に関する管理運営のノウハウを蓄積する一方で地方公共団体が自ら管理運営する能力を失う等の実態である。

②不確実性

　情報の不完全性は、非対称性に加えて不確実性を通じてリスクを拡大させる。地方公共団体と指定管理者間では協定を通じてリスク分担が約束される。しかし、その前提として可能な限り情報の不確実性を克服する努力を図らなければ、本質的なリスクは軽減されない。リスクが残り続ければ、指定管理者による積極的なノウハウの展開には制約が生じるだけでなく、指定管理者制度自身への信頼性を低下させる。

　一方で地方公共団体も行財政面でのリスクを抱え続け、最終的には公共サービスの持続性自体に揺らぎが生じる。不確実性の高まりは、公の施設の管理運営面のリスクを高めるだけでなく、公の施設を適切に管理運営できない状況を生み、公の施設自体の劣化を生じさせる。

　以上のように、地方公共団体と指定管理者間の約束たる協定は、法的視点からの整理だけでなく、より本質的な情報の不完全性がもたらす課題として認識する必要がある。

(2) 協定の基本的捉え方と情報の構成

　以下では、情報の不完全性の視点から非対称性や不確実性がもたらす課題を認識しつつ地方公共団体と指定管理者間の協定の捉え方について検証する。

協定の基本的捉え方

　指定管理者による管理権限の具体的内容と範囲は、地方公共団体と指定された民間企業等の間で形成する約束たる協定で具体化されている。この協定は、行政処分ないし行政処分の延長線上にある付款なのか、それとも

私法上の契約として委任の性格をもつのか、地方公共団体、指定管理者を問わず明確に意識する必要がある。なぜならば、それは指定管理者制度に関する大半のジレンマの根幹に位置する問題であるため、個別のジレンマに対してその都度、都合に合わせて協定に対する基本的な考え方を変えることはコンプライアンスの面でも不適切であり、パートナーシップの根幹に位置する地方公共団体と指定管理者間の信頼関係にも影響を与える。

　条例、そして議会の議決に基づく指定によって、指定管理者に公法上の権利義務が発生する。この発生した公法上の権利義務に関して確認する内容となるのが協定である。協定の内容には権力的行為であり行政処分とされている使用許可に関するものだけでなく、それ以外の具体的な管理行為や民間企業等の権利義務関係、リスク分担等私的契約に関する事項も多く含まれる。また、使用許可権限を含まない管理行為を委ねることも可能である。

協定の情報構成

　協定内容を構成する情報は、住民に対する使用許可権限を含む情報、使用許可権限以外の情報、さらに事実行為の情報に分けられる。住民に対する使用許可権限を含む情報は、形式的には行政処分の付款的性格に位置づけられる。しかし、民間企業等に授権される使用許可権限は定型的かつ裁量権が限られた形式的権力行為であり、協定の中核的位置づけにあると考える必然性はない。加えて、使用許可権限以外の部分は私法上の代理権を授権した情報になり、後者については公法上の権利義務関係の設定とは異なる性格を有する。

　この私法上の代理権については、予め条例で定めた公の施設の管理業務内容を具体化したものであり、地方公共団体と指定管理者間の権利義務関係は相互の協議に基づき定めることになる。そして、行政処分の付款的性格の部分も協定によって授権された部分ではなく、条例により授権された部分であり、協定自体の行政処分性は極めて弱く限定的であることから、協定全体を本質的に私法上の契約と解することは可能となる。

(3) 協定に関する諸説と情報の不完全性の関係

（2）で述べた本書の協定に関する基本的考え方をベースに、他の考え方との違いを比較する。なお、本書は他の考え方を排除するものではなく、その比較によって相互の矛盾点を検証し、よりよい指定管理者制度に進化させるための考え方は何かを模索する。一般的に協定とは、複数の当事者間において成立する一定事項についての合意の取決め又はその文書である。しかし、文書の標題によって内容や効力、重要性が決まるものではない。この意味から、指定管理者制度の協定とは何かを改めて問い直す。

機関説、行政処分説

指定と同様に協定も、①公権力の主体として、住民の権利義務を直接形成し範囲を確定すること、②直接法的効果を生じさせること、③個別の権利義務を確定すること、④地方公共団体の一方的な意思決定で法的効果が発生すること（権力性）、⑤特定の私人に対する行為であること（個別性）、を有しており、極めて強い権力行為として位置づける考え方である。

指定によって生じる地方公共団体と指定管理者との間の法的関係は、委任行政、官庁法理[2] の中に位置づけられる。まず、指定管理者における管理行為を地方公共団体の下の機関として行われるとする考え方の機関説[3] がある。機関説の場合、公の施設の管理を行うにあたっては、指定管理者は権利義務をもつ法人たる位置に立たないとする。公の施設の指定管理者に管理権限を付与する行為は、公法上の行為としつつ、地方公共団体と住民間で公法上の権利義務以外の関係は認めない考え方である。この考え方で極端な場合には、協定の必要性そのものが争点となる場合もある。

確かに、地方公共団体は指示する人、指定管理者は行為する人と位置づければ、情報の質も量も地方公共団体が統制し、後は必要に応じて指定管理者に着実に伝えれば情報の不完全性による問題を軽減することはできる。

---

2) 行政官庁の捉え方について、行政機関と私人との関係を対外的に意思を表明する行政庁の法律行為に重点を置く考え方。これに対して担当する事務の単位に把握するのは、事務配分的機関把握である。

3) 森幸二（2017）pp. 118-128。

そして、情報に優位性をもった地方公共団体が指定管理者制度に対する基本的な役割、責任、リスクを負うことで完結する。この考え方であれば、地方公共団体と指定管理者間の約束たる協定も不可欠な存在ではなく、指定管理者は地方公共団体の指示にしたがって公の施設の管理運営を行う。

しかし、こうした考え方の場合、行財政の視点からの指定管理者の創意工夫は期待できず、加えて独立した法人格あるいは基本的人権の関係から法的視点の問題点を整理する必要性が生じる。

また、行政処分説は、協定を指定行為の延長線上としての行政処分であると解釈し、一方的な処分行為で指定管理者の権利義務を確定させる考え方である。この考え方がパートナーシップの理念や他の法令との関係で矛盾なく成立するかどうかの検証が必要となる。行政処分説は機関説と異なり、指定管理者を自らの機関の一部とは位置づけないものの、協定全体が指揮命令の性格を強め、横型のガバナンス機能と大きく異なり、縦型のガバメント機能の構図に指定管理者を位置づける色彩が強い。この場合、独立した法人格を有する組織体に対して外部組織が絶対的な指揮監督権をもつには、強い法令の明確な根拠が必要となる。

また、こうした考え方の延長線上として、行政組織法上の基本原則から解釈し、委任行政の受任者である指定管理者の組織構成に対しても民主的コントロールが及ぶべきとする考え方もある。しかし、指定管理者が法人でない場合は組織構成の問題が生じる余地はほとんどなく、また、たとえば法人の場合は株式会社制度の基本理念や独立性を侵害する行為は、委任行政の本来的趣旨からも疑問が生じる。現実には指定管理期間中には様々な業務が行われることから、行政処分と位置づけたとしても管理行為の実質的条件を地方公共団体が実効性をもって一方的に決定することは困難である。さらに、指定管理期間中に生じる様々なリスクの分担について、地方公共団体が一方的に定めていくことも困難であると同時に不適切であり、協定を地方公共団体の一方的行為として形成するには情報の不完全性の克服にも大きな限界がある。

行政処分付款説

　行政処分付款説とは、協定を行政処分である指定の付款的行為と解釈する立場であり、行政処分説と同様に地方公共団体側が協定内容を決定することができるとする。指定管理者への授権が使用許可権限を含む場合、行政処分の条件を示した付款とする考え方である。

　行政処分の付款は、行政処分の従たる意思表示であり、指定管理者としての公法上の義務を生じさせる要件として、指定の条件や期限等が記載される。付款は、条件、期限、負担等法律行為から生じる効果を抑制するため、法律行為の際にとくに付する制限であり、許可に対する制限の性格をもつ。このため、付款の内容は限定的で明確であることが必要となる。仮に、付款説をとる場合、①協定書を付款として取り扱い詳細な内容を規定するとすれば、付款の限定性の面からどのように解釈するか、②付款として取り扱う場合、たとえばリスク分担等に関する記載について極めて不明確な記載が多く、こうした明確性を欠く記載を行政処分の付款として認めることが適切であるか、などの問題がある。

　また、現実には指定管理期間中には様々な業務が行われることから、行政処分説と同様に付款と位置づけたとしても管理行為の実質的条件や指定管理期間中に生じる様々なリスクの分担も含めて、地方公共団体が単独行為で定めていくことは困難であり、情報の不完全性の克服に向けても不適切となる。

契約説

　条例制定や指定管理者の指定において議会の議決を要することは、公の施設に対する民主的コントロールを機能させるものであり、使用許可権限の授与に関する事項以外は、地方公共団体による私法上の包括代理権の授与に過ぎず、協定書の締結は地方公共団体と指定管理者との具体的な権利義務関係を設定する契約であると位置づける考え方である。当然に、契約は地方公共団体と指定管理者との間の情報共有とそれに基づく交渉合意によって形成されることが基本であり、情報の不完全性の緩和や克服に向けて地方公共団体の一方的な単独行為では困難なリスク分担等の事項にまで

努力することが可能となる。

　協定を公法上の契約と位置づけ行政処分の延長線上として捉える考え方は、条例と指定行為が地方公共団体の単独行為であることから、単独行為によって協定締結が授権されたことを根拠とする。しかし、前述したように指定管理者に対して授権される使用許可は、定型的で権力性の弱い行政処分に限られており、民主的コントロールとしての条例も定められていることから、協定自体の本質的性格は私法上の契約であると認識することが制度的趣旨にも適する。このため、前述したように住民に対する使用許可権限の要素を含んでいたとしても全体として指定管理の協定は私的契約と位置づけることは可能となる。また、使用許可権限は指定行為により付与されるものであり、協定自身が権原となっているものではない。

　指定管理者の管理業務に関しては、様々な事項が求められると同時に画一的に整理できない事項やリスク分担事項も多い。地方公共団体がそのすべてを規定することは、困難であると同時に民間企業等の創意工夫を活用する面からも不適切である。こうした限界を克服するために、地方公共団体と指定管理者間の協議によって、情報の不完全性を可能な限り克服する取組みを積み重ね、合理的な協定内容が交渉プロセスを経て決定する実務上の流れが必要となる。この交渉プロセスを丁寧に行うことで、情報の不完全性がもたらすモラルハザードやリスクの拡大を改善、抑制することとなる。

　たとえば、指定管理者が提案した事項を協定内容として実施することを地方公共団体が求める場合がある。この場合、民間企業等が誠意ある提案を行うことは当然であると同時に、誠意ある提案が行える前提としての情報共有が徹底されていること、提案事項による協定内容でも優先すべき事項等を体系化すること、そして指定管理者の提案事項を実現するため地方公共団体も環境整備に努めることなどが重要となる。

　なお、箕面市立箕面駅前自動車駐車場事件（大阪地裁2006年9月14日判決［行ウ］50）は、協定の締結を契約とした上で、利用料金の収受は条例の規定によるものであり、協定によるものではないことから、市に損害が発生したとしても、その損害と協定の締結との間には因果関係がないと

し、市長個人と指定管理者たる会社に損害賠償請求せよとの住民訴訟4号請求には理由がないとした。つまり、住民との関係が仮に許可処分であったとされても、それ自体は条例に基づくものであり協定に基づくものではないことから、行政処分と切り離して協定を契約として考えることは可能となる。

委任契約と公法的色彩の濃さ

　以上の考え方は協定を、私法上の契約たる委任として位置づけることになる。基本的に委任と雇用の関係は、受託者側の裁量権・指揮命令権が大きくなれば請負・委任、逆に委託者の裁量権・指揮命令権が強まれば雇用に近づく構図にある。

　たとえば、指定管理者が従業員に支払う賃金額に関して、地方公共団体が直接的に介入することが考えられる。このことは委任から乖離し、公法関係の色彩を強めることになる。公法上の縦関係にまでは至らなくとも、労働組合法における雇用概念に接近し、地方公共団体が団体交渉における使用者に該当し、さらに色濃くなれば、指定管理者の従業員が労働基準法の雇用者概念にあたることに発展する可能性がある。したがって、委託料のうち従業員への賃金額を一方的に決めるような行為は、委任契約から公法領域に高めるリスクがあることを理解する必要がある。

　また、委任は、請負と異なり、経費は受任者の負担ですべて込々の報酬を約束することが基本となり、税務上の認定でも経費を受任者たる指定管理者自身が負担していると認識する。そのため、指定管理料の中から施設維持等一定の経費負担を地方公共団体と指定管理者間で合意した場合にも、指定管理者が裁量をもって支出可能な位置づけにあり、収支について異議を唱えることは限定的となる。報酬を実費込みとして設定した場合、すなわち一定の経費負担を実費として報酬に含んだ場合も指定管理者が裁量をもって支出することになる。仮に、指定管理者の裁量を認めない場合は、精算対象経費とすることが適切となる。

　日本国憲法には、行政主体のみが行政作用を担う、あるいは行政主体のみが公権力の行使を行うべきであるとする委任行政に関する絶対的禁止原

則は存在しない。ただし、公権力の行使が委任される場合、受託組織は原則として民主的コントロールを受ける必要が生じる。一方で、前述したように指定管理者が法人でない場合は組織構成の問題が生じる余地はほとんどなく、また、法人の場合はたとえば株式会社制度の基本理念や独立性を侵害する地方公共団体の介入は、そもそも委任の趣旨からも反するものであり限界がある。したがって、公権力の行使を伴う委任は条例によって明確にし、それを踏まえた行政処分の指定を行い、その下で協定は契約としてより柔軟に内容を検討することが必要である。

　本書では基本的に、官民連携、民間化モデルの性格からも行政処分は、指定行為に限られ、協定における管理の実施等については、契約関係と捉えることが相当であると考える。この点に関連して、協定の内容のすべてを行政処分ないし行政処分の付款と考えるのは適切ではなく、内容によって実質的に契約として考えざるを得ない部分があるものの、形式的には付款とすべきとする考え方もあり得る。しかし、こうした不明確な整理は単に協定書の性格にとどまらず、指定管理者制度全体のガバナンスと情報共有の構図を不明確にするものであり、官民連携のジレンマを深刻化させる要因ともなる。仮に以上の考え方を実務で明確化するには付款と考えられる部分については、極めて限定的に協定とは別に指名の行政処分の付款、あるいは条例事項として処理すべきである。

双方代理問題と説明責任の重要性

　契約に関連する行政側の問題として、発注者たる地方公共団体の長が充て職で指定管理者たる受注者の公益法人理事長等を兼務している場合、民法108条の双方代理の規定に抵触するかという課題が存在する。最高裁判決（最高裁第三小法廷2004年7月13日判決、［行ヒ］96）では、「普通地方公共団体の長が当該普通公共団体を代表して契約締結を行う場合であっても、長が相手方を代表又は代理することにより、私人間における双方代理行為等の契約と同様に、当該普通公共団体の利益が害される場合がある。そうすると、普通地方公共団体の長が当該普通地方公共団体を代表して行う契約の締結には、民法108条が類推適用されると解するのが相当であ

る」としている。

　民法の双方代理規定が指定管理者の協定の締結に適用されるか、いわゆる「両手捺印」について、契約と解すれば当然に適用があり、双方の代表者に対する配慮が必要となる。指定管理者との協定はすべて（行政）処分行為であると解すれば契約行為ではないため当該双方代理規定は適用がないと解することも可能である。しかし、形式的に処分行為と位置づけたとしても実質的な契約内容が含まれる場合、処分であるため双方代理に該当しないと判断することが適切か十分検討する必要がある。また、法的問題とは別に、双方代理の対象となる組織間で情報共有が十分行われておらず、情報の不完全性が深刻化しているとすれば、これまで述べたようにモラルハザードやリスクの拡大要因となることにも留意する必要がある。

　さらに、本問題は単に双方代理の問題にとどまるものではない。たとえば、地方公共団体の代表者と公益法人の代表者が自然人として同一であることに関する法的判断が重要となる。法的には、両者の法人格の代表者であり、自然人として同一人物でも法人格からは別人として扱われる。そのため、地方公共団体の法人格のトップとしての責務と指定管理者たる公益法人等のトップとしての責務は、各法人格の利益を最大限尊重することであり、この両者の両立が同一人物でも相反しないことを第三者に説明する責任をもつ。その際に、あくまでも法人格としての責務であり地域政策や抽象的な公共性をもって説明することには限界があり不適切である。このジレンマは、法人格の責任者としての問題であり双方代理等の問題と異なり、十分な説明ができない場合は職権乱用等のジレンマに結びつく可能性がある。

　地方公共団体に対するコンプライアンス、内部統制の強化が求められる中で、従来展開してきた実質的な両手捺印等の仕組みも、適正性について再度検証する必要がある。それは、単に議会への説明責任の問題ではなく、住民訴訟、監査請求、情報公開、住民投票等住民や金融機関等ガバナンスに関与する形態の多様化が進む中で行政や政治への信頼性確保、公共サービスの持続性確保の面からも重要となっている。

(4) 協議条項と理想の協定

協議条項の実効性問題

協定書や地方公共団体の指定管理に関するマニュアル等では、「この協定の定める事項に疑義が生じた場合は当事者間（甲乙）で協議の上、定めるものとする」等の記載にとどまり、たとえば「この契約に関する訴訟については、○○の管轄裁判所（日本国内における裁判所）に提起する」等の記載はないことも多い。こうした記載がない場合でも、疑義に対する当事者間の協議のみに限定されることはなく、憲法32条で国民（基本的に法人も含む）は裁判を受ける権利を保障されているため、権利や自由が侵害された場合にその救済を求め、独立・公平な司法機関以外の機関によって裁判されない権利をもつ。この協議条項の実務的意味は何か。字義的には他者に相談することであるがそのための協議条項があっても、機能するか否かは別問題である。

協議条項が機能する入口は「疑義」の存在である。しかし、まず「疑義があるかないか」「あるとして疑義の具体的内容は何か」等について当事者間で合意しなければ協議の入口は開かない。そして、入口が開いたとしても協議を具体的にどのような形で、どこで、いつから行うかなどについて合意しなければ協議自体が実質的にスタートしない。すなわち、協議条項は、存在しても実務的に機能するかは、まったく別問題となる。

協議の前提となる疑義とは、意味や内容がはっきり決まっておらず疑問が存在することである。まさに、情報の不完全性が生み出す存在である。たとえば、出来事への認識の違い等からはじまり、認識はあっても出来事への理解が異なり、文章的・文字的に当事者間で内容が曖昧あるいは多義的になっている状況などである。

こうした状況があるのかないのかの整理から協議ははじまり、疑義があったとして疑義に対する対処が協定書の協議条項に基づく「協議」なのか、それとも協議条項に基づかない「お願い」なのか、それとも行政処分による「命令」なのかなどの区別も必要となる。もちろん、実務交渉ではこうした点を地方公共団体と指定管理者間ですべて明確に区別することはできないものの、指定管理者制度の当事者として一定の判断基準を設け、

現実との乖離を認識・記録し徐々に乖離を埋めていく必要がある。なぜならば、乖離の堆積は、情報の不完全性を深刻化させモラルハザードによるリスクの拡大要因となるからである。

なお、私法の適用を受ける契約において「誠実協議」という語句が使用されることがある。この「誠実」も実態上は意味がなく、民法1条の信義則（信義誠実の原則）によって、誠実に協議しなければならないのは当然だからである。なお、「協議する」前提として、当事者間で情報共有に努める信頼関係があることが不可欠となる。信頼関係が完全に壊れている中での協議は無意味であり、この場合は、協議に応じず訴訟等他の手段を選択する流れになる。

理想の協定とは何か

最も理想的な協定とは何か。それは、情報の不完全性の克服に努力し、「協議条項」を必要としないことである。この場合の「必要としない」とはどういう意味か。協定を結ぶ前に想定できる疑義はすべて洗い出し、当事者間で合意していることである。そして、当事者間で想定しない事項が合意の後に生じた場合に備えて、協議すべきルールとプロセスをできるだけ明確に規定しておくことである。明確にとは、語句や文章の多義性・曖昧性を可能な限り排除することである。

もちろん、実務において地方公共団体と指定管理者の間で以上のことを、完全に実現することは難しい。しかし、ひとつでも協議事項が減るように努力することが重要となり、指定管理の協定書の見直しにおいても乖離を認識・記録し交渉可能な事項から改善していく姿勢を続けることが双方にとって重要となる。協議事項ができるだけ少なく設定されている協定ほど、リスクの少ないよい協定といえる。地方公共団体との協定では、ほとんどの疑義が確認されないまま不明確に協議条項に丸投げとなっているものが多い実態にある。地方公共団体、指定管理者双方にとっては、非常にリスクの高い内容であり、既存の協定書も更新のときに改善していく必要がある。このことは、指定管理者側のメリットだけでなく、地方公共団体に求められるコンプライアンスの質を向上させることにもなる。

以上みたように、本書では法的視点だけでなく、情報の不完全性が生み出す課題の克服の視点からも協定を契約とする考え方を基本としている。ただし、現実の協定に対する考え方には機関説、行政処分説からはじまり、いくつかの考え方が存在している。各地方公共団体や指定管理者、民間企業等がいずれかの考え方をまず基本としてもち、その矛盾点、周辺法令との関係等を自ら検討整理することからはじめる必要がある。その上で、協定を結ぶ相手との距離感を相互に認識し、認識の乖離と矛盾を埋めていく交渉が必要となる。

2.3 ｜ 指定管理の業務範囲と地方公共団体の災害時行政

2.3.1　災害時の公の施設の位置づけと指定管理業務

(1) 公の施設の性格

　公の施設は、地方自治法244条で規定されている（図表2-2）。公の施設の最終目的は「住民の福祉の増進」とされており、地方公共団体が財政資金により設けることから民主的コントロールの下で特定の住民の使用に供するのではなく、広く不特定多数の住民が使用できることを担保する必要がある。

　公の施設は、具体的に①住民の利用に供すること、②当該地方公共団体の住民の利用に供すること、③住民の福祉の増進が目的であること、④地方公共団体が条例で設けること、⑤施設であること、⑥区域外、他有公物も可能であること、⑦公の施設は、条例で設定すること、などが要件とされる。

　そして、公の施設の対象は、公民館、図書館等のハコモノ施設だけでなく、道路、水道、公園等社会インフラも含まれる。ただし、個別法によって道路・河川等では、管理者を原則として国や地方公共団体としており、管理運営全体を民間事業者に委ねることはできない制度となっている。

　たとえば、国土交通省は、指定管理者制度による道路の管理の範囲を、

図表 2-2　指定管理者は何を任されているのか

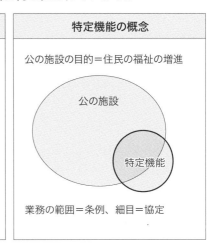

行政判断を伴う事務（災害対応、計画策定及び工事発注等）及び行政権行使を伴う事務（占用許可、監督処分等）以外の事務（清掃、除草、料金の徴収業務で定型的な行為に該当するもの等）としている。個別法の規定を除き、具体的には、地方自治法244条の2第3項及び第4項の規定に基づき各地方公共団体の条例において明確に範囲を定めることが必要となる。

こうした公の施設と指定管理者との関係は平時を基本としており、災害時等一定の危機時にいかなる関係として位置づけるかは重要な課題となる。

(2) 災害時の公の施設の位置づけ

公の施設自体は災害発生の場合には、避難場所として指定されていなくとも当然に住民の福祉の増進の面から避難等に対する積極的な対応が求められる施設である。こうした公共性をもつ施設であることから公物管理の一環として、指定管理者制度導入前は公益法人等に管理運営が委ねられてきた。しかし、行政改革、規制緩和、公共サービスの向上充実に向けた官民連携展開の視点から、公益法人改革の一環として公の施設の管理運営を多様化するため指定管理者制度が設定されたことは第1章でみたとおりである。

以上の公の施設の性格を踏まえた上で、指定管理者が担うべき公の施設の管理対象について精査する必要がある。実際の指定管理者選定の要求水準や審査、モニタリング内容は、公の施設の中の「ホール」、「児童館」、「図書館」、「体育館」等特定の機能を担うことを基本に設定されている。このため、公の施設の住民の福祉の増進という大きな目的と指定管理者が担う特定機能の間に実務的に乖離が生じやすい実態にある。

　具体的には、公民館や図書館の指定管理者が公の施設であることをもって、どこまで被災した住民を受け入れ、その後のケアを行う法的な必然性があるか、また、避難者の最終的な退去等権力的行為をどこまで担うのか、そして被災に伴う指定管理者自体のリスク分担等も論点となる。もちろん、第一義的には協定内容によることになるが、協定において詳細な内容を規定している例は少ない。また、その内容の適正性も課題となる。

　加えて、「公の施設」＝「単一の機能」（「公の施設」＝「図書館」等）の場合はもちろんのこと、公の施設の複合化によりいくつかの機能を担う施設で、指定管理者自体が複数存在する場合や、性格が異なる施設が合築され一体化する場合、公務員と指定管理者が混在する場合など、より複雑な構図が生じている。すなわち、公の施設が複合化・多様化する中で、

①どのような範囲で指定管理者は、機能と責任を負うのか不明確になりやすい。このため、具体的には、行政の公の施設に対する地方公共団体の設置責任と指定管理者の管理責任の範囲の明確化が必要であり、それに伴うリスク分担の明確化も必要なこと、

②住民からみた場合、行政の直営か指定管理者による管理か、単独機能か複合化しているかなど形態には関係なく、公の施設として認識していることへの対処が必要であること、

などを視野に入れ検討することが重要となる。

2.3.2　災害時の政策ガバナンス

(1) 災害時の法体系

　災害時の公の施設の機能と指定管理者の対象業務に関して検討するに際

して重要となるのは、災害時の意味と日本の災害時の法制である。簡単に災害時といっても時間軸でみた場合、平時の防災からはじまり、被災者救援、救助、復旧、復興等に分けられる。その中で、日本の災害に関するこれまでの法制度は、防災に関するものが大半を占めており、地方公共団体でも防災行政を中心として展開してきた。しかし、近年では自然災害を完全に克服することはできないという視点から、防災と同時に減災等の観点が強く意識されている。

具体的な日本の災害時の法体系は、自然災害や原発事故等も対象とする「災害対策基本法」が基礎となっており、同基本法は理念的内容にとどまらず計画立案や実務対応等も含めた実施法的側面をもっている。災害対策基本法は、災害時の国、都道府県、市区町村などの役割を規定しており、そこでの役割分担の基本は現場中心主義である。現場中心主義では、応急対応の第一次的責任は市区町村等基礎自治体が負うこととされており、災害通知、避難勧告等は基礎自治体の首長の権限となっている。

これに対して広域行政体である都道府県は、後方支援としての機能を担うとされ、災害対策基本法の下で災害救助法に基づく調整事務を中心に展開する。以上のように、災害救助等災害時は現場中心主義で基礎自治体が中心に位置づけられており、基礎自治体の公の施設の役割も実質的に大きいことになる。

また、災害時に具体的に機能する「災害救助法」に基づく行為は、避難所の設置、物資提供、炊き出し等広範に規定している。災害救助法は、①誰が救助するか、②どのように救助するか、③費用負担は誰がするかを規定し、「被害者の保護」と「社会の秩序の保全」の実現を目的としているが、具体的な基準は通知等で定めることになっており、弾力的運用を可能にしている。

とくに、公の施設に関連する避難所機能では、避難だけでなく、防災拠点、情報発信拠点、各種サービス拠点としての役割を担うことが定められ、避難所のマニュアルの作成、避難者のプライバシーの確保、全体的運営秩序の確保等広範な機能が求められている。公の施設においても一時的な避難所として機能する場合、同様の機能が求められることになる。

さらに、避難所等の運営も含め災害救助事務取扱要領によって、①平等
の原則、②必要即応の原則（必要を越えた援助は行わないこと）、③現在
地救助の原則（観光客等訪問者も含めて災害地で対処すること）、④職権
救助の原則（救助は職権で行い異議申立ては原則認めない）等の原則が示
されている。以上の4原則は通知であり法的拘束力はないものの、実務面
では強い指針となっているのが実態である。また、前述したように災害救
助は現場中心主義であり基礎自治体が基本となる一方で、災害救助法の中
心は都道府県であり、公の施設を中心とした救助においても市区町村等の
基礎自治体と都道府県間のねじれ構造が存在する点にも留意しなければな
らない。

(2) 災害援助時の公の施設と指定管理
防災
　指定管理者にとってとくに重要となるのは、被災支援及び災害援助の時
点である。食料や医療品等の備蓄など防災対応を事前に施設管理運営の一
環とする場合は、協定において公の施設の管理に含める防災の機能の範囲
とそれに伴う費用・リスク分担を明確に定めることが原則となる。なお、
当然のことながら公の施設の躯体に関連した耐震性強化や防災機能の充実
等は設置者としての地方公共団体の役割となる。

事業停止要因と行財政対応
　まず、リスク分担において自然災害自身は当事者の責めに帰すべからざ
る理由によって生じる事象であり、それにより指定管理事業を継続するこ
とができないと判断される場合には、協定に基づき当該指定管理事業を一
時停止とすることが基本的選択肢となる。災害時は、地方公共団体による
施設間の統一的・体系的対応がより強く求められる。この停止措置は、経
営困難や成果低迷等指定管理者が公の施設の管理を継続することが不適切
と判断される場合に行われる地方公共団体による解除権の行使や指定の取
消しとは異なり、地震、暴風雨、洪水、騒乱、感染症の発生等当事者の責
めに帰すべからざる事由による場合の措置である。したがって、災害時対

図表 2-3 災害対応の時間軸

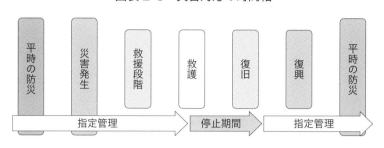

応を検討する場合、まず、指定管理事業自体の停止事由の設定と判断が必要となる。そして同様に重要となるのは、再開事由の設定と判断の明確化である。

なお、自然災害自身は当事者の責めに帰すべき事由ではなく、自然災害により直接生じた場合は、①施設の修繕費用等は極軽微なものを除いて設置者たる地方公共団体側の原則負担となること、②事業停止に伴う指定管理料の取扱いについても、地方公共団体と指定管理者双方が応分負担することなどリスク分担の明確化に留意する必要がある。事業を中止せざるを得ない場合の管理のあり方や復旧のあり方、事業継続計画の策定方法などについてもリスク分担に示しておくことが重要である（図表2-3）。

自助・共助・公助と災害対応

被災によって指定管理自体の事業被害も生じるが、可能な範囲で被災者救護を行うことは、指定管理者が地域の一員として災害時に「自助・共助」の役割を果たすことであり、住民同様に求められる点で協定とは関係なく必要な対応に努めるべきである。しかし、「住民自ら」あるいは「住民相互の連携」では対応できない状況、すなわち「公助」が求められる段階では、地方公共団体が主体となって機能を果たすことになる。

この点を検討するに際して、第1は、指定管理者にも求められる被災時の自助・共助の範囲は何かという問題である。具体的には、被災者の救援の範囲が基本となる。救援とは、困っている人に手を差し伸べることであ

り一時的な保護に該当する。その後の救護等は中長期的に保護し看護や治療を行う段階であり、公助として地方公共団体が速やかに環境整備を行う必要があり、公の施設の指定管理事業を一時停止し、地方公共団体が援護活動等を直接行うことが選択肢となる。

　第2は、平時（日常時）と危機時のすみ分けである。指定管理者制度の活用は平時を基本とし、指定管理者の責めに帰すことができない災害等危機時においては指定管理者が協定に基づき設定している公の施設への管理権を停止し、公の施設の設置者たる地方公共団体が設置者責任の視点から対応する体制が必要となる。具体的には、公の施設の避難場所としての環境整備や被災による破損場所の基本的な修復等である。また、救援から救護に移行する際の被災者の退去、移動等も地方公共団体が中心となって担う機能となる。災害時は、公共性の絶対性が求められる。

　第3は、要求水準やそれに基づくモニタリングの問題である。たとえば、図書館の単独機能を担う公の施設の指定管理の場合、図書館機能としての管理運営の要求水準をベースに指定管理者への審査やモニタリングが実施される。そこに、防災や災害対応等危機時の公の施設としての機能をどこまで盛り込むか、あるいは、指定管理者に求める能力として防災や援護への対応能力をどこまで盛り込むのかの問題である。明確に盛り込まれている場合は、指定管理者も必要なコストを踏まえた上で指定管理料を設定し対応することになる。しかし、要求水準や協定ではその内容が不明確な場合に加え、本来的に指定管理者の従業員は公務員ではなく民間の従業員であり、民間企業等として自らの従業員の安全を確保する法的責務もあるため、指定管理者として対応できる範囲が限定的とならざるを得ない。

警報発令時等の業務問題

　自然災害発生までには至らなくとも、その恐れが高いときに警報等が発令される。こうした警報発令時に、指定管理者が閉館等どこまで自主的な判断ができるかは日常的課題の一部となる。自然災害の発生自体が地方公共団体と指定管理者の双方にとって不可抗力であっても、自然災害発生後の出来事ないし自然災害発生前の防災に類する対処のすべてを不可抗力と

することはできない。たとえば、協定において自然災害を不可抗力として協議事項とする場合でもそれは自然災害後の損害等が発生した際のリスク負担問題を対象としており、自然災害が発生しているあるいは自然災害の発生が危惧される際への対処は、個別の協議事項とするのではなく事前に明確なルールの形成に努める必要がある。とくに、指定管理者の従業員に地元雇用者が多い場合、同時に従業員が住民であることにも留意する必要がある。

　警報発令時等でも、公の施設の開館時間等が条例や協定事項とされていることから、現場での状況にかかわらず自主的な閉館を認めない地方公共団体の措置もある。また、地方公共団体の防災会議等の一律の決定待ちとする場合もある。行政機関としての対処の一体性の確保は重要であるものの、個別の施設の状況を防災会議等が適宜把握することは困難であり、とくに避難所等に指定されていない施設であれば、利用者と指定管理者の従業員の安全を確保するため指定管理者が適切に判断できるルールづくりが必要となる。地方公共団体の公の施設に対する設置責任と指定管理者の管理責任の明確化を図りつつ、警報発令時等には、閉館権限や開館時間変更等具体的措置を指定管理者に一定の範囲で委ねる等の選択肢が必要である。

　公の施設が地方公共団体の一機関であり、すべてが公務員組織としての指揮命令権の中にある構図とは異なり、指定管理者は地方公共団体の一機関ではなく、また公務員としての位置づけでもない。指定管理者の従業員に指揮命令できるのは指定管理者の責任者だけであり、地方公共団体は指定管理者の従業員に個別に指揮命令することはできない。一方で、指定管理者の責任者は、利用者の安全確保とともに民間人である自らの従業員の安全を確保する責務があり、地方公共団体として留意すべき点となる。

2.4 財務会計のガバナンスと指定管理者制度

　ガバナンス問題は、法的側面だけでなく地方公共団体の行財政を支える財務会計の側面でも発生する。第1章のジレンマでも整理したように、地

方公共団体は財政民主主義を基本とする公会計、民間企業等は資本による投資とリターンを基本とする企業会計そして税務会計により展開する。指定管理者制度でも、公会計と企業会計・税務会計の間のジレンマが発生し、それに対するガバナンスの充実が必要となる。

2.4.1 指定管理料のガバナンス

(1) 公会計処理における指定管理料と利用料金

指定管理料

指定管理料は、指定管理者による公の施設の管理業務に対して、地方公共団体から支払われる対価である。指定管理の協定を委任ないし準委任契約と解した場合、指定管理料は、管理業務の役務に対する報酬となる。なお、指定管理となった公の施設でも、指定管理料のほかに地方公共団体が直接負担する費用の部分、指定管理者が負担し後で精算する精算対象経費の部分、利用者から指定管理者が直接徴収する利用料等の部分などいくつかの性格の資金により全体が運営される場合が多い。

公の施設の利用に関して住民から公の施設の使用料として徴収する場合は、公的な債権と位置づけられることから地方公共団体の公金として取り扱われ、指定管理者が地方公共団体に代わって徴収することになり、その場合には指定管理料も徴収業務を含めた行為に対する対価として位置づけられる。これに対して次の頁でみる利用料金制を採用している場合は、公金扱いとはならず私的な債権に位置づけられ利用料金を指定管理者に直接帰属させることが可能である。この場合、公の施設の管理に関しての費用は、利用料金と指定管理料で賄うこととなり、利用料金で全額賄うことが可能な場合もある。

なお、指定管理料の設定について、直接経費と間接経費、そして指定管理者の利益率の設定が課題となることが少なくない。とくに公会計の場合、間接経費（いわゆる本社経費）や利益率の設定に対する視野が不足しやすい。地方公共団体の普通会計では、費目別での認識が基本であり人件費等を施設単位プロジェクトごとに割り振り、たとえば特定の公の施設に必要

な費用をフルコストで認識することは基本的に行わない。このため、利益率はもちろんのことプロジェクトごとに割り振った総務企画等管理経費の間接経費を認識することがなく、指定管理料の設定でも間接経費を形式上勘案しない例もみられる。

　民間企業等は総原価、すなわちサービス提供や製造の直接原価＋販売費・一般管理費を賄い、その上で一定の利益を確保することで経営を展開している。このため、指定管理者制度ではないものの国営公園等の国の包括的民間委託制度の場合は、人件費、事業費、事務費は実支出経費で精算する一方、一般管理費＋利益を一般管理費等として入札時に決定した一定の割合（10％等）として計上し算定する方法、さらに指定管理者の属する業界の平均利益率を参考にするなどの方法を採用する場合もある。

　なお、利用者の変動や周辺環境の変化で当初想定した指定管理料では公の施設の管理費用を賄えない場合、原因の精査を行った上で、債務負担行為としての地方議会の議決等を経て増額することが適切となる。不足分を地方公共団体からの補助金等で補う方法は、指定管理におけるプロジェクトとしてのコストを不明確にするほか、指定管理料に対する民主的コントロールを不確実にする要因ともなる。この点においては、指定管理料に対する消費税引上げ分の措置においても同様の点を指摘できる。

利用料金と指定管理料の関係

　公の施設の管理に関して、指定管理者が創意工夫を発揮し指定管理の質を向上させると同時に、財務会計処理の効率性を高めるため利用料金制度が導入されている。利用料金は公法上の債権とされる使用料と異なり私法上の債権であり、指定管理者の直接の収入となる。この点は、指定管理者の主体性を尊重する措置となっている。なお、利用料金の設定については、条例で定められた範囲内で予め地方公共団体の承認を経ると同時に、公の施設から生じる差別的取扱いの禁止等の制約は当然に受けることになる。

　利用料金と指定管理料との関係で、たとえば利用料金の収入が想定以上に増加し、指定管理者の利益が当初の想定した水準以上に増加した場合、地方公共団体への利益還元や指定管理料の減免が適切か否かの課題が発生

する。こうした問題に対しては、協定のリスク分担で可能な限り明確に規定しておくことが原則となる。基本的に、協定を契約と解した場合は指定管理者への報酬であることから、そこでの指定管理者の利益が想定以上に増加しても次期契約への更改段階や契約の見直しの申し入れ等はできても、現行の契約内での見直しは不適切となる。少なくとも地方公共団体、指定管理者のいずれかが一方的に変更することは不適切であること、それは横型の水平的ガバナンス関係を支える相互の信頼関係を崩す要因となることなどに留意すべきである。

　なお、住民が使用料として対価を支払う場合は、指定管理者は使用許可に基づくこととなり、住民が利用料として対価を支払っている場合は、指定管理者が使用許可をしている場合と、事実上の利用契約をしているに過ぎない場合に分けられる。前述したように一定の条件の下で、指定管理者は利用料金制度の採用が可能であり（地方自治法244条の2第8項）、指定管理者が直接利用料を収受する場合も、住民が単なる利用契約としての利用料として支払う場合と、利用料という形態でも協定内容からは使用許可と評価されるケースもあることになる。こうした実質的な区別は、使用料等の減免においても重要となる。実質的に利用料金制の場合は地方自治法255条の適用を受けないことから、条例の定めるところによって指定管理者が利用料の減免を行うことが可能である。これに対して、使用料の減免の場合は公的債権の変更となり地方公共団体の権限であることから指定管理者はこれを行えず、指定管理者は条例で定められた使用料を収納する事務を担う。このため、指定管理者は地方公共団体から減免できる判断基準を得て、行政機関の事務委託の形で減額した使用料あるいは免除により公の施設の使用を許可する流れとなる。

　また、地方公共団体が公の施設の使用者であっても、条例に減免が規定されていない場合は使用料を支払う必要がある。減免措置がなく支払う場合は、会計処理上の問題ではあるもののセグメント会計[4]が重視される中で、繰入措置等のコストを明確化することが必要となる。指定管理者が管

---

4) 組織の財務状況を事業別、施設別、地域別等に分けて開示する会計制度。

理運営する公の施設の場合も同様であるが、利用料として設定されている場合は、地方公共団体の利用であっても負担することが原則となる。

(2) 精算対象経費と創意工夫

協定で精算対象経費を設けることがある。この精算の性格を明確にする必要がある。たとえば、精算対象経費は「経営努力によらずに執行残が生じる性質の経費を精算をしないことが不合理である経費」などの概念設定ができる。こうした精算対象経費の定義づけ・考え方を地方公共団体と指定管理者間で共有する必要がある。

指定管理者の利益等の取扱いにおいても、民間事業者の創意工夫がまったく期待できない公の施設の場合は、すべてが精算対象経費としての性格を有することから、適切な費用計算の下で措置する合理性がある。このため、創意工夫の対象と創意工夫の対象外とを地方公共団体側がどのように整理しているか明確にする必要がある。

たとえば、当初に決めた年度ごとの事業費計画額を経費が下回った場合は差額を返納し、上回った場合は上回った金額は指定管理者負担とするといった協定内容の場合、「上回った金額は指定管理者負担とする」の根拠は何かも明確化する必要がある。具体的にみると「上回った分は指定管理者負担」、「下回った場合は精算で地方公共団体に戻す」という内容の根拠を明確にすることである。

一般的に民間の創意工夫が難しく、外部環境や制度変更等によって精算しないことが合理的ではない経費が精算対象経費となる。この概念では、民間の創意工夫ができないものについて経費が余れば返還することとなり、工夫ができない部分で資金が足りなくなった際には経費補てんせず民間の負担となるという考え方の合理的な根拠が必要となる。その際に、地方公共団体からたとえば予算額確定額として決まっているから等の理由が示されたとすれば、それは地方公共団体のリスクを民間企業等に転嫁するものであり正当性は低いといわざるを得ない。民間企業等に創意工夫を求める範囲と経費負担は均衡がとれている必要がある。

2.4.2　公会計・企業会計処理と維持修繕費

　公の施設の維持修繕に関しては、多くの問題を抱える場合がある。たとえば、指定管理者が指定管理期間以前に施設が抱えていた瑕疵に関して維持修繕負担をすべきか、すべきではないとしても、維持修繕しないことが指定管理事業の成果に影響を及ぼす場合はどのように対処すべきか。地方公共団体との協定で一定額以上の維持修繕費は地方公共団体の負担とされている場合でも、地方公共団体側での予算措置がなくすぐに対応できないものの、公の施設の管理運営に大きな支障をきたす場合はどのように対処すべきか。さらに、協定と異なり指定管理者の負担で公の施設の設備等の更新を行った場合の会計処理はいかに行うべきかなど問題が山積する。

　そこで以下ではまず、指定管理の協定における施設の維持修繕に関して、たとえば1件あたり30万円以上（実際の金額は多様）のものについては地方公共団体が自己の費用と責任において実施するものとし、1件について30万円未満のものは指定管理者が実施するものとしている場合どのようなジレンマが生じるかを事例として検討する。この事例で、1件30万円未満の施設備品等の修繕が30万円に達し、その後、複数の修繕が発生した場合はどうするべきか。そもそも、指定管理に関する予算は確定しているのでその範囲でよいか。それとも、1件30万円未満の事案が複数回発生した場合は、金額上限がなければ指定管理者の負担となるのかのジレンマがよく指摘されるところである。

（1）確定した金額内での維持修繕

　地方公共団体と指定管理者間で維持修繕費の負担は、指定管理料で定めた確定金額までの合意が協定等で明確にある場合は、金額面からの一定のガバナンスは確保され、両者間のジレンマは軽減される。ただし、確定金額以上の修繕が必要となった場合に、地方公共団体の予算の確保がすぐにできない等で速やかに修繕されない場合、指定管理者が責任を負う管理運営やそこから提供される公共サービスの質にデメリットが生じる可能性が

ある。地方公共団体の予算編成をめぐる政策のラグ[5]によるリスクである。このリスクへの対応を、地方公共団体、指定管理者共に認識する必要がある。確定金額を超えた場合、施設設備の状況と管理運営への影響について記録し、地方公共団体と指定管理者が情報共有しつつ協議する姿勢が必要となる。もちろん、こうしたリスクに関して事前に協議しておくことが理想であるものの、すべてを行うことは難しいため、事後的にも交渉を行う根拠として共有しておく必要がある。以下具体的にみると次のとおりである。

(2) 維持修繕費の処理パターン

　指定管理料との関係で修繕費については、大きくふたつのタイプに分けることができる。

維持修繕費が指定管理料に含まれない場合

　維持修繕費は、指定管理料に含まれることが多いものの、含まれないケースもある。指定管理料とは別に設定されるケースでは、1年間の維持修繕費の上限が設定（当然に地方公共団体の予算との関係）され、計画書に維持修繕費が定額計上となり、指定管理者が自由に他の費目に流用することは認められず、最終的に精算処理されることを基本とする場合である。この方式では、修繕は地方公共団体の予算の範囲内で地方公共団体の所有権等の下で行われる。ただし、この方式の場合は、1年間の維持修繕費の上限は予算額によって設定されているため、想定外の修繕が発生しその修繕が予算内で実施できず先送りになった場合、そのことで生じる指定管理者の管理運営業務に与えるリスク分担を明確にしておく必要がある。なお、年度当初に概算払いされ年度末に精算する方式（精算対象経費）の場合、余剰金が発生しても翌年度に繰り越せないのが原則であり、施設の修繕活動に関して地方公共団体の単年度主義による拘束を受ける可能性がある点にも留意する必要がある。

---

5) 政策の決定、執行、効果の発生等政策の展開プロセスで生じる社会現象との間の時間的ズレ。

維持修繕費が指定管理料に含まれ、金額基準で負担する場合

　金額基準で一定金額未満（又は以下）は小規模修繕と定義づけ指定管理者の負担、一定金額以上は地方公共団体の負担あるいは協議案件としている場合である。この金額基準について、当該地方公共団体ですべての事業に関して一律で設定している場合と施設の種類・老朽度・利用度等により個別に設定する場合がある。もちろん、本来は施設によって当然に異なる状況にあり、別個に設定することが基本となる。しかし、そのことが難しい場合は、指定管理者側が負担する総額について上限を設けることが重要となる。上限を設けないことは、当然に指定管理料設定において指定管理者の利益率の設定と、その利益率をどのように担保するのかに密接に関係するほか、後述する会計処理にも影響を与える。

(3) 維持修繕をめぐる基本的リスク

　地方公共団体の予算制約から、指定管理者側は施設の維持修繕の必要が生じた際に速やかに実施できないことを想定しておく必要がある。地方公共団体の場合、基本的に額の大きさに関係なく予算計上する必要があり、修繕の必要性、それを根拠づける資料、必要額の積算根拠等を行い財政部局と協議し、さらに幹部の決裁を受け議会承認を得る必要も生じる。民間企業等と異なり、非常に多くの時間を要することは避けられない。ここで問題となる点は、施設の管理運営に与える影響であり、地方公共団体の予算措置に時間を要することで、施設設備や公共サービス提供の質に影響を与えることのリスクについてはすでに指摘したところである。

　こうした政策のラグによるリスクを回避するために、指定管理者が協定内容と異なり、自主的な判断で協議なしに本来は地方公共団体の負担となるべき修繕について支出した場合どうなるか。地方公共団体の監査で不適切等の指摘を受ける例もある。その理由は、単なる協定書違反ではなく「地方公共団体の基本財産に勝手に変更を加えた」という指摘を受けた事例もある（2008〜09年の静岡県舞台芸術センター補修工事事例）。たとえば、基本財産とは何か、基本財産と指定管理者の負担となる金額の関係は何かなどの整理が必要となる。事例の30万円未満・以上に関係なく、修

繕事由が生じた際には必ず地方公共団体と情報共有することが不可欠である。

　また、地方公共団体側の予算で修繕を実施することになっていても、それが適切に実施されない結果、事故等が生じた場合にその責任の所在を明確にしておく必要がある。たとえば、2009年の静岡県草薙総合運動場体育館バスケットゴール死亡事故では、指定管理者と県の協議の結果、修繕が見送られた事案であり、利用者の死亡に対する指定管理者と地方公共団体の責任（損害賠償や求償権等）関係は複雑化する。指定管理者が状況の把握と報告を怠ったことが主因なのか、それとも地方公共団体側の政策のラグが主因なのか等の問題である。いずれにせよ、地方公共団体側の負担で行う場合に、修繕をしない状況での危険性等施設管理運営上の問題がどこにあるかをリアルタイムに地方公共団体と共有しておくことが重要となる。

複数回発生するリスクの確認

　先の事例において30万円未満の案件についても複数回発生する確率がどの程度あるかを、地方公共団体と指定管理者が確認できる資料を共有することが重要となる。理由は、複数回発生する可能性、発生回数の見込み、それに基づく費用負担の予測などがもてなければ、指定管理者として事業予算を含む管理計画やリスク認識ができないからである。

　具体的には、対象となる施設備品等の対象把握と建設当初の設置方法、対象施設備品等の設置期日とその後の稼働率の推移、設置後の故障・修理状況記録等である。こうした記録があっても施設設備品等の劣化状況を正確に把握することは難しく、とくに躯体と密接な関係のある設備品やシステム、通信機器の場合は判断がさらに難しくなる。したがって、以上の記録が提出されても指定管理者のリスクをなくすことはできない。しかし、軽減することは可能である。地方公共団体側が提出できない場合、ストックの財務的記録も含め施設管理運営を適切に行ってこなかった可能性があり、重たいリスクとして認識する必要がある。たとえば、通信機器の老朽化、地方公共団体が情報システムの保守契約を行っていない等の事例で、

指定管理者がどこまで対応するか情報共有しつつ慎重に判断する必要がある。

　なお、協定書の記載に関わる事項として、「施設設備等」の「等」の内容をできるだけ確定させることも必要である。協定における「等」は、内容が確定していない・させたくない場合によく使用する語句で、「等」に多彩な内容を事後的に読み込む場合がある。また、協定文書の中に「その範囲を超えるもの」の文言がある場合には、「その」の指示代名詞はどこを指すか文章的に多義性が生じる場合がある。協定文書では、可能な限り指示代名詞は使わず、指示代名詞が示す内容を繰り返しでもよいので明確にする努力が必要である。以上の点は、地方公共団体と指定管理者の双方の実質的なリスク軽減と信頼性確保の面で重要な課題となる。

「30万円」の根拠の確認

　たとえば、事例における1件あたり「30万円未満」は何を根拠とし、複数回発生した場合は指定管理者が負担し、かつ明確な総額制限や回数制限がないのはなぜかの理由を明確にすることが重要となる。たとえば、民間企業の少額資産償却制度[6]は、企業会計の重要性の原則と税制上の措置で成り立っている。会計上の処理問題は後述するものの、税制上は時限的に30万円未満の少額資産は費用として一括償却できる仕組みとなっている。しかし、この少額資産償却制度は、法人の場合に無制限ではなく総額300万円以内という制限がある。すでにみたように企業会計上重要性がないという判断と地方公共団体の財政上重要性がないという判断は一致しない。地方公共団体の予算においては額の大小にかかわらず、予算計上しなければならないこと、そして、地方公共団体の予算では計画的な修繕以外、土木建設部門を除き予め維持修繕費を部局ごとに計上しておくことは極めて稀である。

　なお、すべての施設について統一して一律の基準額となっている場合に

---

6) 法人税関係で一定の中小企業者等が、取得価額30万円未満である減価償却資産を2006年4月1日から2020年3月31日までの間に取得等事業の用に供した場合には、一定の要件のもとで取得価額に相当する金額を損金の額に算入する制度。

は、一律となっている理由の確認も重要となる。施設の規模、機能、性格、状況によって当然に基準額は異なるはずであり、施設ごとに個別に基準額を設定している場合も少なくないからである。

確定予算額を超えた修繕に対する地方公共団体の措置

　指定管理者側が確定予算を超えた修繕を行った場合、地方公共団体側はどう措置するのかの問題が発生する。修繕したのは地方公共団体等他者が所有する施設であり、施設に付帯する備品の所有権も地方公共団体等他者に属することが一般的となる。つまり、指定管理者は指定管理料以外の自らの負担で他人所有の資産価値を形成したことになり、地方公共団体側は財政外の資金で資産価値を取得したことになる。こうした場合、地方公共団体と指定管理者間でどのような措置を行うべきかがジレンマとなる。

　指定管理者は地方公共団体に寄付行為を行ったことになり、地方公共団体は他者の資金で資産を得る寄付行為を受けたことになる。この場合、一般的には地方公共団体として寄付を受けた証明書を発行し、指定管理者は税制上の控除措置を受けることになる。もちろん、日常の施設管理運営行為によって生じた備品の劣化に対して地方公共団体は指定管理者に負担を求めることは可能であるものの、通常の施設管理運営行為による劣化は個別に判断されるべきもので、すべてを金額で一律確定できることにはならない点には留意する必要がある。

（4）リスク分担問題としての維持修繕費

　維持修繕費の負担問題は、財務・会計問題、地方公共団体の財政問題として整理する側面だけでなく、最終的にはリスク分担問題として考察する必要がある。事例の「30万円未満」という金額基準のみで少額修繕として対象内容も明確にせず、施設の老朽度・稼働率等も考慮せず、回数制限・総額規制もしなければリスク負担の可能性は指定管理者側に大きく偏る。なぜ、指定管理者がそのリスクを負担するのか、負担しないリスクは何かをその理由とともに体系的に整理し、指定管理者と地方公共団体が共有する必要がある。リスク分担の大原則は、得ている情報・能力をベース

に当該リスクに最も対応できる者が負担することである。したがって、指定管理者がリスクを負担する場合、地方公共団体と同様の情報を共有する必要がある。そのことは、最終的に地方公共団体側のリスクをも軽減し、公の施設からの公共サービスを持続性あるものとして確保する結果となる。

2.4.3 買換えとシステム保全

修繕ではなく買換えの場合、そして情報化時代に不可欠なシステム対応について整理する。

(1) 買換え

買換費が指定管理料に含まれず地方公共団体の財政資金で行う場合

このケースでは、地方公共団体の財政資金で買換えを行い、地方公共団体自身が所有権を取得することから、原則として指定管理者側にとくに会計処理は必要とならない。しかし、この仕組みで会計的に指定管理者が処理していた場合、指定管理者側で問題が生じる場合がある。それは、民間企業等にとって預り金であっても指定管理者が資金管理し備品等を買換え購入していることから、税務処理上、指定管理者側に備品購入として処理し減価償却が求められる場合が生じる。指定管理者側からみれば、買換費として支出した金額と同額を地方公共団体側から受け取るので何ら益金は発生しない。しかし、受取額を益金として処理し支払額は減価償却処理とすることが求められる場合は法人税負担が発生することになる。このようなケースを避けるには、地方公共団体から預り金処理である旨、公的文書を発行してもらう措置などが必要となる。

買換費を指定管理料に含め金額基準で行う場合

大原則は指定管理者の買換えによって取得した資産は、指定管理料による場合は指定管理者の所有となる。なぜならば、精算払いではなく支払われる指定管理料は、指定管理者の報酬であり、その資金で取得した資産は指定管理者の所有権に属する。しかし、現実の処理では指定管理料の資金

104

で地方公共団体所有の公の施設の備品買換えを行った場合、施設の一体性からその所有権が地方公共団体に属し台帳等に記載することが基本となっている。この場合、原則は、指定管理者による地方公共団体への寄付行為として処理することになる。したがって、地方公共団体は寄付を受け入れた手続、すなわち「寄付受付受領書」を発行し、指定管理者側は寄付行為として税法上損金算入することになる。しかし、地方公共団体側が寄付受領手続を行わないケースが多くみられる。その場合には、税法上の問題も生じるため、指定管理者側では寄付金処理を地方公共団体側が行わない理由を確認することが必要である。

その際に、前述した、委任の考え方を踏まえて整理していくことになる。地方公共団体が寄付の受領として事務処理しない場合、指定管理者側に会計処理上問題が生じる。指定管理者の資金を使用して他人資産を買換え取得したことになるが、指定管理者の貸借対照表に資産計上はできず、当然に減価償却もできない状況となる。こうした場合、どのような会計処理になるか。

本来は、買換え額を全額費用計上し、税法上損金算入できない部分は税効果会計（企業会計と税務会計のズレを調整し、費用等を適正に期間配分する会計処理）として処理することが基本となる。しかし、現実には処理が複雑化するので、指定管理者の備品として計上し減価償却する処理が行われている例もある。この場合、事例における「30万円未満」の修繕について回数上限や総額規制なしとなると、金額が膨らむ可能性があり、その場合は重要性の原則から不適正処理となる場合があるので注意を要する。

資本的支出と修理

なお、以上の買換えの場合と異なり、指定管理者が公の施設の備品等を修理した場合は、修理した備品の所有権が地方公共団体側となる。ただし、この場合も修理が備品の機能をアップさせているか否か、すなわち「資本的支出」に該当するか否かで会計処理は異なる。機能アップの有無は、耐用年数が延びているか否か等が判断基準のひとつとなる。修理した備品の機能が維持する範囲のみでアップしていない場合は、資本的支出に該当し

ないため、指定管理料から支払う場合は会計的には指定管理者の費用として処理し、税法上は損金算入となる。しかし、資本的支出に該当する場合は、前項の買換えを指定管理料に含めて行う場合と同様の措置が適切となる。

(2) システムに関する保守・管理運用

　資本的支出との関係では、情報化時代におけるシステムの保守と管理運用への対処が重要となる。情報化が進む中で、公の施設における情報システムの保守・管理運用が指定管理者の業務としてジレンマを多く生じさせる状況が多くなっている。たとえば、指定管理者は公の施設の従来からのシステムの劣化や老朽化に対する対応をどこまで負うのか、また、地方公共団体がシステムに関する保守契約を民間事業者と結んでいない場合あるいは契約内容が十分でない場合は、指定管理者はシステムの保守・管理運用をどこまで担うのか、とくに、システムと公の施設の機能が密接不可分の場合、施設を通じた公共サービスの提供の質と関連しジレンマを一層輻輳化させる。こうした問題は情報システムだけでなく、基本的な多機能電話システムでも同様に生じる。

　第一義的に協定のリスク分担の問題であり、その前提として指定管理開始以前のシステムに関する状況把握が課題となるが、まず、システムの「保守」とは何か、この点を共有する必要がある。システムに関しては、正確には大きく保守と管理に分けられる。

保守と管理運用

　保守とは、システムを改善・変更する作業、管理運用は現行システムを動かしていく作業を基本的に意味する。具体的に保守は、①アプリケーション、②ジョブスケジュール、③インフラの各保守に分かれる。アプリケーション保守では、プログラムやシステムの障害原因の究明、当該障害に伴うプログラムの改修やデータの修正、改善要望・仕様変更に伴うプログラム及びデータの改修など、ジョブスケジュール保守は、一連の処理を行うバッチジョブの性能改善、新規プログラムの導入など、インフラ保守

は、ネットワーク環境の障害対応や環境の改善、周辺機器・サーバ・端末のリプレースやアップデートなどが主な対象となる。

これに対して管理は、①機器の起動・停止、②アプリケーションの起動・停止、③データやアプリケーションのバックアップ作成・保管、④入力作業、⑤出力作業、⑥アウトプットの取出し・保管が主な対象となる。

以上の区別について、まず地方公共団体と指定管理者の双方で共有することが重要となる。その上で、後者の管理は公の施設の管理運営として一般的に指定管理者が担うことに大きな問題はない。しかし、以上の区分を共有していないと、管理業務に保守が当然含まれる、あるいは「保守＝管理」として理解され負担とリスクが不明確になりやすい。すべての問題に共通することとして検討する場合、言葉の定義はいつも明確にする努力が必要であり、その上で、許容できるいわゆる「のりしろ」を設定し協議する必要がある。

保守の処理

本来の保守は、一般的に指定管理者の管理運営には含まれない。その理由は、管理と異なり保守の多くは、資本的支出に該当するからである。したがって、システムの実質的所有者である地方公共団体が保守を行うことになる。備品と同様に、協定作成段階でシステムに関する行為を整理すると同時に、保守業務をシステム会社とどのように契約しているかを確認し、リスク分担を明確にする必要がある。とくにシステムの場合、先端的システムほど実際の運営では不安定で、管理や保守を必要とする場合が少なくない。また、システムの設計時に施設利用者数やそれに伴う処理データ量を見誤っていたことで、後でシステムが作動不良を起こすことはよくある。こうした場合の、責任関係も本来は明確にしておく必要がある。システムについては進化要因も含め不確定要素が多いことから、システム自体の専門事業者ではない場合は、創意工夫の対象外として精算払いの対象と考えていく流れを検討することも選択肢となる。

2.5 住民利用と公平性確保のガバナンス

　地方自治法244条第2項で地方公共団体及び指定管理者は、正当な理由がない限り公の施設を利用することを拒んではならない旨規定されている。したがって、反対解釈として他の利用者の利用に著しい影響を与える場合等は、正当な理由に該当するとして指定管理者自らの管理権限で制限することは可能となる。しかし、法的に可能なことと実際にできることとは別問題である。

　まず、利用を拒める「正当な理由」を当事者及び第三者にも明確に示す必要がある。そのため、一番有効な手段は、個別施設の指定に関する条例自体に利用制限ができる基準を具体的に設定することである。住民の適正な利用環境確保のために規律密度を上げることになるので条例での規定が有効となるものの、あまり細かく規定すると弾力的な運用が難しくなる。しかし、利用制限事項を追加で記載する、あるいは新たに記載する際に、条例変更の手続で議会議決が必要となることから実現するためのハードルは高く、条例での制定を行政も避ける姿勢が強い場合がある。

　そこで、条例に基づく規則あるいは要綱で定める方法があり、要綱は、行政の内部規定のため議会議決は必要とせず、条例で一般的・抽象的な部分を規定し、具体化は要綱で行う手段が選択されることが多い。さらに指定管理者との協定自体で明確にする方法もある。いずれにせよ、地方公共団体と指定管理者の間で明確な基準を可視化する形で形成することが適切となる。

　具体的には、たとえば暴力行為や暴言等による迷惑行為が発生した場合、行為者に対する対応を記録するほか、被害を受けた他の利用者の事実確認、そして対応した職員による事実確認等の記録書類の作成・保管が大原則となる。さらに、一定期間の使用不承認措置は地方公共団体として行うことが適切である。使用不承認期間が経過した後には、文書で迷惑行為者に対して今後は迷惑行為を行わないことや指定管理者等の指示に従うこと等を約束する書面を作成し、仮に約束を守れない場合には即時に使用不承認と

し、長期間使用できない旨を明確にする措置が必要となる。長期間の使用不承認や一切使用不承認を当初から行うことは「不当な差別」に該当する可能性があり慎重な対応を要するが、不使用期間後再度の迷惑行為が生じた場合は立ち入り禁止の仮処分を裁判所に求め、裁判所の仮処分が行われたにもかかわらず立ち入ろうとした場合は、告発の対象となる。

　なお、過度なクレーマー等カスタマーハラスメントに対する対処が、指定管理者の施設管理機能の対象なのか、それともリスク分担の課題対象かも再度精査する必要がある。なぜならば、リスク分担は、より適切に対応できる者が負担するのが原則だからである。日常業務に対するクレーム対応は管理運営の改善の面からも指定管理者の対応対象となるが、民間活動と異なり価格やコスト負担等市場的要素での利用者への排他性を発揮できない場合、たとえば納税者としての視点からの過度なクレーム等は地方公共団体の負担として位置づける議論も必要となる。

（宮脇　淳）

【参考文献】

宇賀克也・交告尚史・山本隆司編（2017）『行政判例百選Ⅰ　第7版』別冊ジュリスト235

宇賀克也・交告尚史・山本隆司編（2017）『行政判例百選Ⅱ　第7版』別冊ジュリスト236

宇賀克也編、中川丈久他著（2019）『行政法研究』第30号

小村武（2016）『五訂版　予算と財政法』新日本法規出版

佐々木晶二（2017）『最新　防災・復興法制——東日本大震災を踏まえた災害予防・応急・復旧・復興制度の解説』第一法規

塩野宏（2015）『行政法Ⅰ——行政法総論　第六版』有斐閣

塩野宏（2019）『行政法Ⅱ——行政救済法　第六版』有斐閣

塩野宏（2012）『行政法Ⅲ——行政組織法　第四版』有斐閣

津久井進（2012）『大災害と法』岩波書店

林仲宣・竹内進他著（2018）『実務のための資本的支出・減価償却・修繕費　判例・裁決例50選』税務経理協会

防災行政研究会編（2016）『逐条解説　災害対策基本法　第三次改訂版』ぎょうせい

松本茂章編著、中川幾郎・金井利之・片山泰輔・金山喜昭・伊東正示・桧森隆一著（2019）『岐路に立つ指定管理者制度――変容するパートナーシップ』水曜社

森幸二（2017）「イチからわかる　指定管理者制度実務の秘訣（第1回）――指定管理における『2つの立場』と『3つの方法』」『月刊　地方財務』2017年4月号（754号）：pp. 118-128

宮脇淳（2010）『創造的政策としての地方分権――第二次分権改革と持続的発展』岩波書店

宮脇淳・若生幸也（2016）『地域を創る！「政策思考力」入門編』ぎょうせい

宮脇淳編著、佐々木央・東宣行・若生幸也著（2017）『自治体経営リスクと政策再生』東洋経済新報社

望月信幸（2016）「指定管理者制度における官民の目的の違いとその影響」『アドミニストレーション』第22巻第2号：pp. 90-100

第 **3** 章

指定管理者制度の
法的検討

指定管理者制度は、地方公共団体が指定管理者に対して使用許可処分権限を授与する関係、すなわち指定管理者と住民との関係においても権力的要素が存在するとして整理されてきた。これは指定管理者制度の沿革に由来する民間化の過程の中で生み出されてきたひとつのロジックであった。

しかし、指定管理の実態を厳密にみれば、指定管理者と住民との関係は公の施設の使用許可関係とされる場合のほか、単なる私法上の利用契約と同視できるものが多くあり、場合によっては住民との利用契約関係さえないものも存在する。また、この権力的要素というドグマ的理解は、地方公共団体と指定管理者との間で締結される協定の法的性質の理解にも影響を及ぼしてきたと考えられる。第3章では、これらの関係を改めて見直すことで指定管理者制度の法的な考え方を整理する。

3.1 | 指定管理者制度創設の経緯

(1) 公の施設の誕生——1963年地方自治法改正

1963年地方自治法改正は、従来の営造物の概念を改めて、「住民の福祉を増進する目的をもってその利用に供するための施設」たる「公の施設」を規定した（地方自治法244条第1項）。公の施設の設置及び管理に関しては、条例の制定が要件とされ（同法244条の2第1項）、正当な理由がない限り住民が公の施設を利用することを拒んではならないこと（同法244条第2項）、住民の利用にあたって不当な差別的取扱いをしてはならないこと（同法244条第3項）が定められた。

さらに、地方自治法244条の2第3項（当時）では「普通地方公共団体は、公の施設の設置の目的を効果的に達成するため必要があると認めるときは、条例の定めるところにより、その管理を公共団体又は公共的団体に委託することができる」と規定し、公の施設の管理受託者について公共団体（地

方公共団体、公共組合、営造物法人）又は公共的団体（農業協同組合、商工会議所、赤十字社、青年団、婦人会、学校法人、町内会、自治会等）を認めることとした。

地方自治法と条例の定めにより、公の施設の公共性すなわち多数の住民に対して均等に役務（公共サービス）を提供するのが公の施設の特性であり、当時の外部委託は、この特性を確保しながらも、住民の利用に関する権力的要素が微弱にとどまる場合には外部委託を認めることで、公の施設の設置目的を一層効果的に達成することができるとされた。しかし、あくまでこの外部委託の委託対象は、前述のように地方公共団体の長の総合調整権が及ぶ範囲である公共団体又は公共的団体に限られていた。微弱とはいえ住民の利用に関する権力の行使について、地方公共団体がもつ公共団体等への監督権限の存在と条例による民主的コントロールによって、公共団体又は公共的団体への外部委託を可能としたのである。

(2) 管理受託者の範囲拡大——1991年地方自治法改正

1991年の改正で管理受託者の範囲に「普通地方公共団体が資本金、基本金その他これらに準ずるものの二分の一以上を出資している法人」「当該法人の業務の内容及び当該普通地方公共団体の出資の状況、職員の派遣の状況等の当該普通地方公共団体との関係から見て当該公の施設の適正な管理の確保に支障がないものとして自治省令で定めるもの」が加えられた。第三セクターが地方公共団体等と同様に地域活動に重要な役割を担っていることから、これらにも外部委託の対象範囲が拡大されている。それと同時に、利用料金制の導入、管理受託者による料金決定の原則化、そして管理受託者に対する権限として報告の徴求、調査、指示権が付与された。利用料金制等によって管理受託者の主体的で自主的な運用が認められ、同時に地方公共団体の監督権限（報告徴求・調査、指示権）が定められている。

(3) 指定管理者制度の創設——2003年地方自治法改正

さらに2003年の地方自治法改正において、体育施設や福祉施設、美術館など、公的主体が住民に提供するものと同質、同内容のサービスが民間

113

企業等から提供されていること、その民間企業等は十分なサービス提供能力をもつに至っていることから、多様化する住民ニーズに対して民間企業等が有するノウハウを効率的に活用することが有効であるなどとして、管理委託制度が「指定管理者制度」に改められている（図表3-1）。

2002年以降の小泉政権下での民間活力の導入による官業の民営化の流れにおいて、公の施設の管理についても民間に開放すべきであるとされ、「多様化する住民ニーズにより効果的、効率的に対応するため、公の施設の管理に民間の能力を活用しつつ、住民サービスの向上を図るとともに、経費の節減等を図ること」を目的として改正されたものである[1]。

これにより、地方公共団体は、公の施設の管理について、民間企業等を含むあらゆる「法人その他の団体」に対して外部委託できることとなった。ただし、外郭団体に対しては、地方公共団体の出資者あるいは株主としての議決権等を通じて監督権を行使できる。また、地方公共団体は、監査委員を通じて、外郭団体の「出納その他の事務の執行で当該財政的援助に係るもの」について監査権限を行使することができる（地方自治法199条第7項）。しかし、民間企業等に対する監督権限は存在しないため、地方自治法に基づいて指定管理者に対する報告の徴求、調査、指示権が定められ（同法244条の2第10項）、監査委員の監査対象を指定管理者にも拡大し、さらに指定管理者の指定について、予め議会の議決を求めることで、もうひとつの民主的コントロールを設けている。また、指定管理者に対する「指定」により、地方公共団体は、公の施設の管理委託対象を民間企業等にまで広げることができることとなり、公の施設の管理としての権力的行使の一部である「行政処分たる使用許可」をも委任できることとなった。

指定管理者制度は、従前の「指定法人制度」（行政庁が法律の規定に基づいて試験、検査、検定、登録その他行政上の事務を行わせることができる制度）を参考にして[2]、行政機関の関与手続さえ整備すれば、微弱な権力的要素を含む処分権限を指定管理者に付与することも可能であると考え

---

1) 総務省自治行政局長（2003.7.17）「地方自治法の一部を改正する法律の公布について（通知）」総行行第87号p.2による。
2) 松本英昭（2017）p.1107による。

図表 3-1　外部委託制度と指定管理者制度における自主性と地方公共団体の影響度

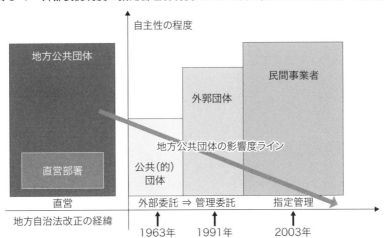

られたことに基づいている。そのため、地方自治法改正によって法律を整備して地方公共団体が条例を定め、さらに議会の「指定」議決を経ることによって指定管理者に公の施設の「管理権限の委任」を行うことができるとしたものである。

3.2 指定管理者制度のバリエーションと法的混乱の原因

3.2.1 指定管理者制度のバリエーション

　現在、指定管理者制度における公の施設の管理委託は、それぞれの地方公共団体やそれぞれの公の施設において非常に多くのバリエーションをもち、そのバリエーションが、様々なジレンマを生み出し、かつ、法的に混乱を生じさせている。

経緯によるジレンマ
　その原因の第1は、前節でみた指定管理者制度に至る経緯にある。地方

公共団体の直営方式であった際の公の施設利用に関する権力的要素を含む管理権限を、まずは公共団体又は公共的団体への外部委託に広げ、さらに外郭団体にまでその範囲を広げ、そしてさらに民間企業等にまで広げてきた経緯である。現在の指定管理者制度が、従前の外部委託制度に接ぎ木された制度となっているために、地方公共団体による指定管理者制度の設計において、その原則型が公法上の「縦関係」(ガバメント)から脱し切れていない。

　指定管理者制度の公法上の関係において、地方公共団体が民間企業等を指定管理者に指定する場合には、指定管理者に対して、当該管理の業務又は経理の状況に関し報告を求め、実施について調査し、又は必要な指示をすることができるとし(地方自治法244条の2第10項)、指定管理者がその「指示に従わないときその他当該指定管理者による管理を継続することが適当でないと認めるとき」は指定を取り消し、又は管理業務の全部又は一部の停止を命ずることはできる(同条第11項)。しかし、地方公共団体の権限は、公共団体や公共的団体に対する監督権限(農業協同組合法93〜96条、商工会議所法57〜60条、地縁による団体に関する地方自治法260条の2以下など)などの強い権限は存在せず、外郭団体等に対する監査権限と同等のものにとどまる(地方自治法199条第7項)。にもかかわらず、多くの地方公共団体は、指定管理者たる民間企業等に、当然のように監督権や強い監査権を及ぼそうとしている。

縦関係ガバメントの残存

　第2は、公法上の強い監督が及ばない領域にまで指定管理者制度が拡大され、委託事業者との関係が完全に私法上の「横関係」(ガバナンス)になっているにもかかわらず、公の施設の管理については、住民の利用に関する権力的行為があるというドグマにとらわれ、これを地方公共団体が完全にコントロールしなければならないという思想となっていることである。そもそも公の施設の管理において、住民の利用に関する権力的要素はほとんどない。むしろ純粋の私法的な契約関係と異なるところはないというべきである。にもかかわらず、公の施設という行政財産の管理業務の外部委

第3章 指定管理者制度の法的検討

託を認める経緯において、「権力的要素が微小である」がそれをコントロールする必要はあるとの説明をもって外部委託を可能としたために、従前の民間企業等への事実上の業務委託との相違が不明確となり「管理」の定義に混乱を生じさせている。

権力的要素の重視

第3に、前述したとおり「指定」という行為は、行政財産の利用における民主的コントロールの必要性から、どうしても公法上の関係にあると考えざるを得ないことから、住民の利用に関する「権力的要素」を重視し過ぎた結果、指定と密接に関係する「協定」の法的意義を公法上の関係に閉じ込めてしまっている。そして、協定の法的な意義を公法上の関係の枠内で理解しようとした結果、協定の実際的意義に混乱が生じ、指定管理業務の対象範囲、地方公共団体の指定管理者への指揮命令権あるいは事実上の関与のあり方、責任やリスク分担のあり方などにおいて、地方公共団体と指定管理者の関係が不明瞭となり、指定管理者制度の本来の目的である民間企業等による主体的なノウハウの発揮が困難となり、設置目的の達成を阻害する実態が生まれることとなったのである。

本書では、指定管理者制度の公法上の「縦関係」と私法上の「横関係」を整理し直すことにより、指定管理者制度のジレンマを解明し、現在採用されている指定管理者制度の問題を浮き彫りにする。これにより、現状の問題点の把握とその解決方向が見出せるとともに、指定管理者制度採用に向けた設計作業がさらに精度の高いものになると考えている。

3.2.2 条例制定と外部委託

地方自治法244条の2では、第1項に法律等で特別の定めがあるものを除き、「公の施設の設置及びその管理に関する事項は、条例で定めなければならない」とし、第3項で「公の施設の設置の目的を効果的に達成するため必要があると認めるときは、条例の定めるところにより、……当該公の施設の管理を行わせることができる」としている。すなわち、地方自治

117

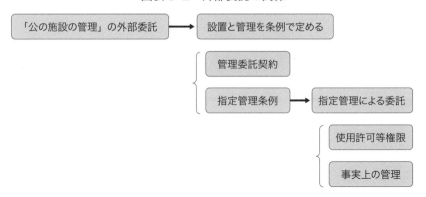

図表 3-2 外部委託の関係

　法は、公の施設に該当する施設は、地方公共団体において、その設置と管理に関して条例で定めることを求め、そのうち「公の施設の設置の目的を効果的に達成するため必要があると認めるとき」に管理について指定管理者制度を採用できるとしているのである。

　公の施設に関する管理の外部委託に限っていえば、公の施設の設置と管理に関する事項は条例で定めることが求められ、それらの事項が条例で定められれば、地方公共団体は民間企業等との間で、公の施設の管理委託契約を締結することによって管理の全部又は一部を委託することができる。そして、地方公共団体が直接管理運営するよりも住民に対するサービスの向上が図られ住民の福祉が増大するような場合は、条例で定めることで指定管理者制度を採用することができ、その場合は権力的要素を有する管理権を授権することができると定めている（図表3-2）。

3.2.3　管理権限の委任

(1)　行政処分としての使用許可たる管理権限委任
指定行為の法的意義

　指定管理者制度は、地方公共団体が設置する公の施設の設置目的を効果的に達成するために、その施設の管理を法人その他の団体、すなわち民間

企業等に行わせることができる制度である（地方自治法244条の2第3項）。公の施設について指定管理を行うための条例では、「指定管理者の指定の手続」及び「指定管理者が行う管理の基準及び業務の範囲その他必要な事項」を定めなければならない（地方自治法244条の2第4項）。そして、指定管理者は、「正当な理由がない限り、住民が公の施設を利用することを拒んではならない」（同法244条第2項）とされ、また、指定管理者が「公の施設を利用する権利に関する処分」を行うことができることが前提とされている（同法244条の4第2項）。したがって、公の施設の設置主体である地方公共団体は、条例で指定の手続等を定め、その上で指定を議会の議決に係らしめることによって、行政財産の住民利用に関する権利行使に民主的コントロールを及ぼすこととし、これにより、住民が公の施設を利用する権利に関する処分を含む管理の権限を指定管理者に授権することとしたのである。

　この指定によって、指定管理者には法律及び条例に基づく公法上の義務が生ずることになる。これらの意味において、「指定」は、地方公共団体が、一方的な意思表示により、指定管理者を設置者に代わる公の施設管理主体とする行政行為であると考えられ、双方の意思の合致により効力が発生する契約とは異なる「行政処分」[3]あるいはその一種であると解されている。

管理権限の授権の範囲

　前述したように、1963年の地方自治法改正で、公共団体ないし公共的団体にのみ管理委託を拡大した。これは、公の施設の管理は権力行使を本質とするものではないものの、公の施設が住民の利用に供する施設であり、多数の住民に対して平等利用を確保することが求められており、使用許可はある程度の権力的要素をもつものといわざるを得ないため、行政機関に類似する公共団体等以外に担わせるのは不適当と考えたことによる。

　しかし、2003年の地方自治法改正の際には、公物警察権や強制徴収権

3）成田頼明監修（2009）p. 88。

などの公権力の行使は地方公共団体の長に一身専属的に帰属している権限であることは揺るがせないが、使用の許可の範疇にある許可の取消し、使用の中止、施設の退去命令については、「定型的で権力性が薄い行政処分であるというようなことから」（畠中誠二郎総務省自治行政局長答弁）条例で定めて、指定管理者に行わせることができるとした[4]（図表3-3）。

ただし、使用料の強制徴収権、行政財産の目的外使用の許可権など、法令上、設置主体の長のみが行使できる権限は委ねることはできないとされている（地方自治法231条の3、244条の4、238条の4第4項）。あくまで「定型的で権力性が薄い行政処分」権限を授権できるに過ぎないとされたのである。

指定管理者に委ねられない権利

指定管理者に対する授権になじまない公の施設もある。たとえば、道路法における路線認定（道路法7条、8条）、都市公園法における占用許可（都市公園法6条）などの許可権限は道路管理者等が行使することとされ指定管理者に授権することはできないとされている。

また、公営住宅の管理は、住宅困窮度に応じた優先入居の実施や居住者

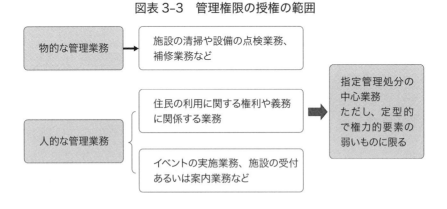

図表3-3　管理権限の授権の範囲

4）第156回衆議院総務委員会議録議事第15号（2003.5.27）。

の状況に応じた適切な家賃設定など、公平な住宅政策の観点からの行政主体としての判断が必要であるとして、その事務を指定管理者に委任して行わせることは適当ではないとされる[5]。使用許可という行政処分権限を指定管理者に授権することができるといっても、公法令上あるいは性質上、地方公共団体の行政主体としての判断を委ねることが相当ではない場合は指定管理者には授権できない。

(2) 管理の概念
事実行為としての管理

　公の施設の管理に関するものでも、一般に事実行為としての管理業務といわれるものがある。清掃や設備の点検業務、補修・修繕業務などを地方公共団体が定めた修繕計画にしたがって個別に事業者に委託したり請け負わせるなどの物理的な管理業務、また、当該施設の修繕計画の策定と修繕の実施を包括的に委託する業務など、あるいは、イベントの実施業務、施設の受付あるいは案内業務などの人的な管理業務である。これらは、一面では施設の維持管理を委ねているようにみえるが、住民の利用に関する権利や義務には直接関係しない業務であり、権力的要素は微塵もない性質の業務である。

住民の権利義務の設定に関する管理

　公の施設が住民の利用に供するものとされ、1963年の地方自治法改正で定められた営造物概念では、人的物的施設の統一体ではない施設が含まれているために混乱を整理する必要があったとされており[6]、公の施設の概念は、住民の利用という要素を含む物的施設として定められた。したがって、地方自治法244条の2が公の施設の業務委託について条例に定めることを求め、指定に議会の議決を要するとしたのは、公の施設の住民の利用に関する権限授与は、地方公共団体が最終的な権限と責任をもって行

---

5) 国土交通省住宅局長（2004.3.31）「公営住宅の管理と指定管理者制度について（通知）」国住総第193号。
6) 自治省編（1965）p. 514、松本英昭（2017）p. 1099。

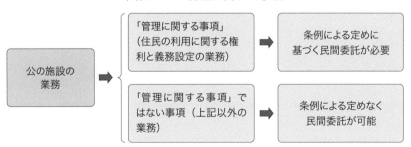

図表 3-4　管理に関する事項

い、議会による民主的コントロールを要請したものと解される。

　したがって、公の施設の管理という限り、もちろん財産的な管理の側面を有するが、公の施設が住民の利用に対するサービス役務の提供のための施設であることを考えると、地方自治法第244条の2で規定する管理は、住民の利用に関する権利や義務の設定に関係する管理業務をいうと解するのが相当である。つまり、住民の利用に関する権利や義務とは無関係の事実上の管理は、条例の定めによることなく外部委託することができると解してよい（図表3-4）。

　この解釈は、一般的に、受託者が手足となって事務を行うが対外的には委託者が完全に責任を負う内部委託は、法律上又は条例の根拠を要しないこととも整合する[7]。

(3) 指定管理と外部委託の関係

　地方自治法244条の2の管理が予定するのは、公の施設の住民の利用に関する権利と義務の関係設定である。しかし、これまでの指定管理者制度に関する議論は、地方公共団体と住民との関係は、微弱といえども権力的な要素をもつ公法上の関係であることを前提としており、それ以外の関係の可能性については詳細に論ずることはなかった。しかし現実には、公の施設の利用に関する地方公共団体と住民の法律関係に着目すれば、その利

---

7) 碓井光明（2005）p. 287。

第3章 指定管理者制度の法的検討

図表 3-5 「公の施設」の管理を外部委託する制度

指定管理者制度

地方公共団体	地方公共団体	地方公共団体 （＊）
公法上使用許可権限授権	私法上利用契約締結権限授権（代理権）	事実上の管理委託
使用許可	私法上の利用契約	法律関係なし
民間事業者 → 住民	民間事業者 ⇔ 住民	民間事業者 ⇔ 住民

（＊）この部分は指定管理者制度を利用する必要はなく、業務管理委託契約で可能であるし、また指定管理者制度で行うことも可能であると解される。

用関係は、民間企業等が主体となってサービス提供を行っている私法上の利用関係との比較において、その差異を見出し難い。したがって、この実態を重視して、公の施設の住民の利用関係は、私法上の利用関係であると考えることは可能である。この場合、地方公共団体と指定管理者の法律関係は、使用許可には該当しない私法上の利用契約締結権限（代理権授与）を授権して管理事務を委任する関係となる。ただし、実態はどうであれ、民間企業等と住民の利用関係をあくまで使用許可権限の行使という公法上の関係とするかどうかは自治事務であることも踏まえれば、結局は地方公共団体の政策判断によるものであるから、地方公共団体が公の施設について、指定管理者に使用許可権限を本質とする権限を授与した上で公法上の関係として捉えていく判断はあり得る。したがって、この場合は、地方公共団体と住民との間の使用許可に関する公法上の権限を授権して管理事務を委任する関係となる。

図表3-5の枠外の部分は指定管理者制度を利用する必要はなく、業務管理委託契約で可能であるし、また指定管理者制度で行うことも可能であると解される。指定管理者制度が公の施設利用に関する住民の権利を保護するものであることを考えれば、地方公共団体が、住民の利用に関する権利

や義務の設定に関係しない事実上の管理業務を委託する場合にも指定管理者制度を利用することまで禁止する必要はなく、地方自治法の解釈として、単なる事実行為としての管理を委託する場合にも指定管理者制度を利用することも可能である。単なる事実行為としての管理を委託する場合にまで、指定管理者制度を選択するかは、当該施設に係る他の法令や施設の目的や態様等に応じて地方公共団体の判断によることになる。しかし、住民の利用に関する法律関係が存在しない種類の管理業務まで指定管理者制度に盛り込むことになれば、当該地方公共団体における指定管理者制度が混乱を招くことは明らかである。

(4) 公の施設

公の施設の定義

　地方自治法244条第1項は、「普通地方公共団体は、住民の福祉を増進する目的をもってその利用に供するための施設（これを公の施設という。）を設けるものとする」と定めている。公の施設の定義については、一般的に、主体、目的、手段の三側面から分析し、5つの要件を満たす場合がこれに該当するとしている[8]。具体的要件としては、①住民の利用に供するためのものであること、②当該地方公共団体の住民に供するためのものであること、③住民の福祉を増進する目的をもって設けるものであること、④施設であること、⑤地方公共団体が設けるものであること、である。

　公の施設に該当すれば、その設置及びその管理に関する事項については、条例の定めが必要である（地方自治法244条の2第1項）。したがって、公の施設に該当するかどうかは、条例の定めによることなく設置できるかどうか、また、条例の定めによることなく事業者に管理を委託できるかどうかの要件となる。そこで、前述の5つの要件において、公の施設の該当性を整理する[9]。

　①「住民の利用に供するためのものであること」は、住民の利用に供することが目的とされていない施設は「公の施設」ではない。たとえば、純

---

8) 松本英昭（2017）p. 1099以下。
9) 松本英昭（2017）p. 1100以下。

然たる試験研究所、庁舎等は、住民の利用に供することを目的としないため、公の施設ではない。利用の形態は、一般使用であるか許可使用等であるかを問わないとされる。

②「当該地方公共団体の住民に供するためのものであること」とは、「当該地方公共団体」の住民に供するための施設であるため、一般の利用に供するための施設であっても、主として当該地方公共団体の区域内に住所を有しない者が利用することを目的とし、当該地方公共団体の住民の利用に供しない観光ホテルや娯楽施設、ふるさと産品の陳列販売所などの物販施設、外国人向けの観光案内所などは、公の施設ではない場合があり得る。

③「住民の福祉を増進する目的をもって設けるものであること」とは、直接住民の福祉を増進する目的で、広く住民の生活に不可欠な便益を提供するものと解されている。したがって、競輪場、競馬場は、住民の利用に供するものであるが、それはむしろ地方公共団体の財政的な観点から収益事業としての施設であるから公の施設とはされないこととなる。

④「施設であること」とは、物的施設としての側面に重点が置かれていて、人的側面は要件とされていないことを意味する。

⑤「地方公共団体が設けるもの」のため、地方公共団体ではなく国が設置した施設は除かれる。ただし、「設ける」とは、地方公共団体が当該施設について賃借権や使用貸借権等で何らかの権原を取得していればよく、必ずしも所有権があることを意味しない。

公有財産の分類と公の施設

地方自治法237条第1項は、地方自治法の「財産」を、「公有財産」「物品」「債権」「基金」の4つに分類し、238条第3項は、公有財産を「行政財産」と「普通財産」に分類している（図表3-6）。行政財産とは、地方公共団体において「公用又は公共用に供し、又は供することを決定した財産をいう」とされ、「公用に供する財産」（公用財産）とは、「地方公共団体がその事務又は事業を執行するため直接使用することをその本来の目的とする公有財産」をいい、「公共の用に供する財産」（公共用財産）とは、「住民の一般的共同利用に供することをその本来の目的とする公有財産」

図表 3-6　公有財産の体系

とされる。また、普通財産は、行政財産以外の一切の公有財産をいう（地方自治法238条第4項）。

したがって、公の施設に該当する施設は、住民の一般的な共同の利用に供することを本来の目的とする「公共用財産」に分類されている。ただし、公有財産の分類は、あくまで所有目的に応じた適切な公有財産の管理を図ろうとする趣旨からの分類であり、他方「公の施設」の定義は、実態的な機能に着目したものであるからその範囲は一致しない[10]。一般的には、公の施設は、財産面の観点から公共用財産に分類されているが、普通財産であっても「公の施設」に該当する場合があることに留意すべきである。

3.2.4　指定管理以外の管理の外部委託

地方自治法244条の2は、「公の施設の設置及び管理に関する事項」は条例で定めるものとし（第1項）、その上で「公の施設の設置の目的を効果的に達成するため必要があると認めるとき」は、指定管理によることが「できる」とする（第3項）。つまり、「公の施設」の設置及び管理については、条例で定めることは求められるが、管理については必ずしも指定管理によることは求められていない。設置は、住民の利用に供する施設の使用を開始することであり、また、管理とは、前述したとおり公の施設における「住民の利用に関する権利と義務」を包摂する施設管理業務と解するのが相当である。そして、指定管理については、住民による公の施設の利

---

10) 松本英昭（2017）p. 990、p. 1101。

用に関する権利と義務の設定に関するものであることから、指定に議会の議決を要するとすることで（地方自治法244条の2第6項）、施設の使用許可などの権力的要素を残すものであったとしても外部委託することができるとした。

　ただし、現実には、権力的要素がなく、私法上の利用契約と評価される利用関係にまで、指定管理者制度の利用がなされているのが実態であり、公の施設の目的や性格からみれば、住民との利用関係が使用許可という権力的要素を含まない純粋な私法上の関係である場合が存在するのであり、この場合にまで指定管理者制度を利用しなければならないと解する必要はない[11]、[12]。したがって、公の施設に関する住民の利用に関する権利と義務の設定に関する権限授権を含む管理業務であっても、純粋の私法上の契約と評価される施設利用の管理業務については、指定管理者制度によることなく条例の定めにより、外部委託することは可能であると解すべきである。

3.3 ｜ 指定管理者の公法上の関係

3.3.1　指定行為

（1）指定行為の位置づけ

　指定管理者制度は、条例により公の施設の設置と管理が定められ、さら

11）植田和男・内藤滋編著、六角麻由・増田智彦・木田翔一郎著（2015）p. 45。
12）民間資金等の活用による公共施設等の整備等の促進に関する法律（以下「PFI法」という）の2011年度改正により導入された運営権制度と指定管理者制度の関係が参考になる。運営権制度は、PFI法に基づく制度であり、公共施設等において、民間企業等の創意工夫が生かされ、既存のインフラの価値が高まり、利用促進が図られることにより、公共施設等の管理者、民間企業等、利用者の三者にとって、それぞれ有益なものとなることが期待されている。ただ、この運営権制度においても、使用許可権限を付する法令上の根拠が用意されていないことから、地方公共団体が所有する公の施設に運営権を設定する場合に、運営権者に対して地方自治法に基づく指定管理者の指定を行う必要があるかどうかが議論された。総務省は、当初、PFI事業契約又は運営権に基づいては行うことができないとされている利用に係る処分等の業務について、指定管理者制度を適用することで、はじめて民間企業等が公の施設の管理業務を一体的にできることとなるとしていたが、「地方自治体において当該地方管理空港の設置及び管理に関する条例が制定されている」ことを重視して指定管理者制度による必要はないとした。

にその施設の設置目的を効果的に達成するために必要があると認めるときは、条例で「指定管理者の指定の手続、指定管理者が行う管理の基準及び業務の範囲その他必要な事項」を定めた上で（地方自治法244条の2第4項）、その条例にしたがって指定管理者制度を採用する。さらに「指定管理者に管理を行わせようとする公の施設の名称、指定管理者となる団体の名称、指定の期間等」について議会の議決[13]を経た上で（同条第6項）、指定管理者を指定することになる。また、指定管理者制度は、単に公の施設の事実上の管理の事務を委託するにとどまらず、公の施設の設置主体である地方公共団体が、「管理の権限」を指定管理者に代行させることができる制度である。そして、この管理の権限には、公の施設の管理作用としての「行政処分たる使用許可」を含ませることができる。つまり、条例の定め、議会の議決及び指定行為により、指定管理者は設置者から包括的な管理権を委ねられ、設置者に代わって公の施設を管理する主体となり、住民の利用に関する使用許可についても管理権限の一環として行うことが可能となる制度である。

(2) 指定行為の処分性

地方公共団体の指定という一方的な意思表示により、指定管理者は、公の施設に関する指定管理者としての地位を取得する。つまり、指定により、指定管理者には公の施設の包括的な管理権が与えられ、その管理権には住民に対する使用許可権限を伴う場合や住民との包括的な私法上の契約締結権限が含まれることになる。使用許可権限を含む公法上の権利を指定管理者に設定する部分を行政行為ないしは行政処分であると解することは容易である。そのため、指定管理者制度における住民との関係についても、ほとんど権力的要素を含むことがない私法上の利用契約と考えられるものについても、微弱であっても権力的要素は存在するとしてこれを使用許可処分と解するドグマを生んできた。

しかし、そもそも行政機関が行う行為には、様々な行為が存在し、その

---

13) 総務省自治行政局長（2003.7.17）「地方自治法の一部を改正する法律の公布について（通知）」総行行第87号。

行為の公法上の関係と私法上の関係を詳細に分析すると、その性質にはグラデーションがある。そして、これまでの判例においても、行政処分とするかどうかは、結局、その行為の根拠たる法の趣旨や目的、通達や要綱まで含めた制度の仕組みと実態などを総合考慮した上で、国民の権利利益の実効的な救済という観点から抗告訴訟の対象とすることが相当か帰納的に判断されてきた[14]。

そして、地方公共団体の指定行為は、地方公共団体の一方的な意思表示により、民間企業等に対して住民との利用関係の設定の権限を授与することであり、これによって民間企業等のノウハウ等を活用する目的で公の施設の外部委託を図ったものである。そのため地方自治法は、条例の定めのみならず、指定に関する議会の議決を求めることで、民主的コントロールを及ぼそうとしたものである。また指定により、指定管理者には一定の公法上の義務が発生し、それは地方公共団体と指定管理者候補者との間の協定等（委任契約）の本質的な部分を構成することを考えると、指定管理者との間において、指定行為の内実たる授権の性質に権力的要素を含むかどうかによって区別する根拠はないというべきである。

この意味で、指定管理者の指定行為は、指定管理者に授権される権限の性質が、公法上の使用許可権限の授与か、純粋に私法上の利用契約締結権限の授与かのいかんにかかわらず行政行為であると解すべきであり、それが行政処分に該当するかどうかはそれぞれの施設ごとの条例の目的など制度の仕組みと実態を総合考慮した上で検討されるものである[15]。

3.3.2 指定管理者の公法上の権利と義務

(1) 指定管理者に対する委任権限の範囲

地方公共団体が使用許可権限を含めた業務を指定管理者に授権し委任する場合は、設置者による指定に基づいて、指定管理者は、設置主体に代

---

14) 労災就学援護費不支給決定に関する最高裁第一小法廷2003年9月4日判決集民第210号p. 385、食品衛生法違反通知に関する最高裁第一小法廷2004年4月26日判決民集第58巻4号p. 989など。

15) 成田頼明監修（2009）p. 88参照。

わって住民に対する公の施設の使用許可権限を有することになる。使用許可権限には、利用の許可・不許可、利用許可の取消し及び利用の制限・停止等が入る。また、とくに施設における実際上の管理運営を考えれば、迷惑利用者等に対する行為制限等（退去命令等）も、その範囲に含むと解される[16]。また、利用料金制を採用して、住民からの利用料を指定管理者の収入として収受することもできる（地方自治法244条の2第8項、第9項）。

しかし、従前の公物管理事務のうちで権力的性格のある事務すなわち使用料の強制徴収（同法231条の3）、過料の賦課、行政財産の目的外使用許可（同法238条の4第4項）、不服申立てに対する決定（同法244条の4）等は委任できないとされる。また、いわゆる公物警察権にあたるもの、すなわち、公物の使用関係の秩序を維持し社会公共の秩序に対する障害を除去することを目的とする不正使用者を強制的に排除する権限等は、指定管理者制度においても委任できない。

(2) 指定管理者の義務

地方公共団体は、公の施設の管理を行うにあたって、住民に対して、「正当な理由がない限り、住民が公の施設を利用することを拒んではならない」（地方自治法244条第2項）し、「住民が公の施設を利用することについて、不当な差別的取扱いをしてはならない」（同法244条第3項）という公法上の義務を負っている。このため、管理を代行する指定管理者も、住民に対して、正当な理由がない限り、住民が公の施設を利用することを拒んではならず、住民の平等利用を確保し、差別的取扱いをしてはならないという公法上の義務を負うことになると解される（同法244条第2項・第3項）。

他方で、指定管理者が、地方公共団体から、住民に対する使用許可権限（多少でも権力的要素があるもの）には該当しない私法上の利用契約の締結権限のみを授権されている場合における指定管理者も、地方自治法244

---

16) 国会でも、許可の取消し、使用の中止、施設の退去命令、施設整備の点検など許可の範囲内に入るものは指定管理者が代行できると答弁されている（第156回衆議院総務委員会会議録議事第15号）。

条第2項・第3項に基づく公法上の義務を負う。つまり、地方公共団体の指定行為により、公法上における指定管理者の権利を設定するとともに、その権利と表裏一体となる公法上の義務を命じる効果を発生させることになる。

(3) 処分に対する異議申立て等

住民は、指定管理者の公の施設を利用する権利に関する処分が違法であるとする場合は、その処分についての審査請求を当該普通地方公共団体の長に対してすることになる（地方自治法244条の4第3項）。また、住民が、指定管理者の管理権限の執行にあたっての違法な行為によって損害を被った場合は、国家賠償法1条に基づいて、設置者たる地方公共団体が賠償責任を負うことになると解される。この場合、指定管理者は公務員ではないが法令により公権力の行使（非権力的作用に属する行為を含む）の権限を与えられているため国家賠償法1条の「公務員」に該当すると解される（横浜地裁1999年6月23日判決『月刊　判例自治』201号 p.54参照）。また、指定管理者に故意あるいは重過失が存在するときは、地方公共団体から損害賠償について求償を受けることもある（国家賠償法1条第2項）。

他方で、指定管理者に授権された権限が私法上の利用契約の締結権限であって使用許可権限ではない場合（公権力の行使の権限がない場合）には、指定管理者は住民に対して公権力の行使をしないため、指定管理者がこれらの公法上の義務に違反した場合でも、地方自治法の違反となり、指定管理者自身が私法上の不法行為と認定される可能性はあっても、地方公共団体が国家賠償法1条に基づいて損害賠償責任を負うことはないと解される。

3.3.3　条例による管理等の基準設定

(1) 手続と基準設定等
手続

指定管理者の指定の手続、管理の基準及び業務の範囲等は、条例によって定められる（地方自治法244条の2第4項）。条例には、いくつかの種類

の施設をまとめた通則的な定めを置く条例と個別の対象施設のみについて定める個別条例があるが、通則的な条例では、管理の基準や業務の範囲、その他必要な事項は包括的で一般的な定めを置き、詳細は規則やガイドラインに委任することが多い。条例の定めにより、指定管理者の業務内容すなわち給付義務の骨格が示される。

指定の手続は、指定管理者の募集や申込み、選定方法や選定基準、選定結果の通知、指定管理者の指定、協定の締結などが定められる。また、指定の手続は、①住民の平等利用が確保されること、②事業計画の内容が、施設の効用を最大限に発揮するとともに管理経費の削減が図られるものであること、③事業計画に沿った管理を安定して行う物的能力、人的能力を有していることなどの基準を定めることが望ましい。候補者は、提出する事業計画において、これらの基準に該当するための具体的な組織体制や定数的な計画を記載することになるが、これらの事業計画は、指定の前提条件たる指定管理者の義務のひとつとなる。

基準

管理の基準は、「住民が当該公の施設を利用するに当たっての基本的な条件（休館日、開館時間、使用制限の要件等）のほか、管理を通じて取得した個人に関する情報の取扱いなど当該公の施設の適正な管理の観点から必要不可欠である業務運営の基本的事項を定めるもの」とされている[17]。条例における管理の基準は、指定管理者が公の施設の管理権限の委任を受けるにあたっての公法上の義務となっている。したがって、指定管理者がこれらの義務に違反するなどして地方公共団体の指示に従わないとき、その他当該指定管理者による管理を継続することが適当でないと認めるときは、その指定を取り消し、又は期間を定めて管理の業務の全部又は一部の停止を命ずることができることになる（地方自治法244条の2第11項）。

17）総務省自治行政局長（2003.7.17）「地方自治法の一部を改正する法律の公布について（通知）」総行行第87号。

業務の範囲等

業務の範囲は、各施設の目的や態様等に応じて、その具体的範囲が定められ、また、使用の許可権限や利用契約締結権限、施設の維持管理等の範囲や仕様が設定される。条例において業務の範囲が定められているときは、行政処分たる指定行為によって、条例記載の「業務の範囲」は、施設管理権授権の範囲となり、管理業務として遂行する指定管理者の義務の範囲としての意義を有することになる。

条例では、指定管理者が行う「その他必要な事項」も定められる（同法244条の2第4項）。たとえば、指定管理者の義務に関する事項（業務の遂行、区分経理、原状回復義務や秘密保持義務など）や、モニタリングに関する事項（定期報告や立入り調査に関する事項）、指定取消し等の定めなどが考えられる。指定管理者の義務を条例で定めた場合には、指定管理者の公法上の義務となることは明らかであり、これに反すれば指定管理業務の一部停止あるいは指定取消しの事由に直結することと解される。

また、理論的には、その他必要な事項として、指定管理に関する事項のほとんどを条例の定めによって網羅することができることになる。しかし、条例はあくまで公の施設の管理を行わせるための目的において地方公共団体と指定管理者あるいは候補者との公法上の関係を規律するものであることから限界があり、すべてを網羅することは事実上不可能である。また、指定管理者の権利に関する事項、すなわち、地方公共団体に対する費用請求、解除権や解除事由、リスク分担事項、あるいは損害賠償事項など指定管理者の権利に関する事項についてまで定めることは難しい。

むしろ、指定管理者制度が、広く民間のノウハウを活用し、競争原理を導入することで適切な民間企業等による管理を目的とした制度であることを考えると、民間企業等の参入を積極的に求めるために指定管理者制度を採用する地方公共団体にとっては、指定管理者の管理運営事業に対する主体性とリスク分担に関する事項、権利に関する事項が最重要事項となる。地方公共団体が、民間企業等の主体性と自主性の範囲を設計し、これを条例で定めた上で、民間企業等との協議を重視し、その多くを協定で定めるのが相当である。

(2) 指定管理者に対する報告等義務

指定管理者は、指定期間中、地方自治法に基づいて、地方公共団体からの次のモニタリングに服する。①事業報告及び経理状況報告義務は、当該施設の管理の業務に又は経理の状況に関し地方公共団体は指定管理者に報告を求めることができ、指定管理者はこれに応ずる義務がある（地方自治法244条の2第7項）。②実地調査協力義務は、地方公共団体の長又は委員会が、指定管理者に対して実地について調査することができることで、指定管理者はこれに応ずる義務があること（同法244条の2第10項）を示す。③指示遵守義務とは、地方公共団体の長又は委員会は、指定管理者に対して必要な指示をすることができ、指定管理者はこれに応ずる義務があることをいう（同上）。

そして、地方公共団体は、指定管理者が上記の指示にしたがわないとき、その他当該指定管理者による管理を継続することが適当でないと認めるときは、その指定を取り消し、又は期間を定めて管理の業務の全部又は一部の停止を命ずることができる（同法244条の2第11項）。

3.4 | 指定管理者制度における協定書

3.4.1 指定管理者の自由度

指定管理者制度により、地方公共団体は、公の施設の管理運営を直営で行うこともできるし、条例で定めることによって公的団体や外郭団体そして民間企業等に対しても指定管理者として管理運営を代行させることができ、それにより民間の能力と活力を積極的に活用して住民サービスの向上や利用者増、経費の削減等を企図することが可能となった。

地方公共団体は、公の施設に関する当該地域における独自の政策目的を実現するために、指定管理者制度に利用料金制を導入するなど、当該公の施設の設置目的にしたがい公の施設の管理運営に柔軟性のある設計を行うことができる。柔軟性とは、公の施設の管理運営業務に関して、指定管理

者に与えられる自由度であり、利用料金制の導入の有無、指定管理料の使途限定度、候補者から提出される事業計画書の自由度、協議による合意の自由度、協定書におけるリスク分担の公平分担度などで測られることになる。たとえば、公の施設の管理運営を地方公共団体の直営に近い方式で行おうとする場合には、地方公共団体が、住民利用に関するサービス品質等を詳細に定め、指定管理者の技術やノウハウが発揮されるための自由度を狭くし、モニタリングを厳格に行うなどの設計をすればよい。

これに対して、民間企業等の能力と活力を積極的に活用して住民サービスの向上や利用者増、経費の削減等を企図して設計を行うとすれば、地方公共団体は、まず公の施設に関する管理の骨格として、実施基準等や指定管理料の支払い、自主事業の可否等、地方公共団体に対する費用請求、解除権や解除事由あるいは損害賠償事項と指定管理者の権利に関する事項などを含めたリスク分担案、さらには協定案を示し、その後に、候補者から当該施設の管理に関する事業計画等の提案の提出を受け、さらに対話や協議を行って候補者の管理技術やノウハウ等を積極的に受け入れる対応をすることで指定管理者制度における指定管理者の自由度は相当高まっていくことになる。

3.4.2　委託の法的性質

委託という場合、その法的性質には様々なものがある。民法上の典型契約では、役務の提供がなされるものとして典型的な「委任」（民法643条以下）、「請負」（同632条以下）あるいは「雇用」（同623条以下）がある。また、委任に近接する受動型の役務負担契約として「賃貸借」（同601条以下）あるいは使用貸借（同593条以下）も考えられる。委任と雇用の区別は、指揮命令関係の有無あるいは受託者側の自由度、裁量権にある。受託者側の裁量権が大きくなれば委任の性質を帯びることになり、委託者の受託者（あるいはその従業員）に対する指揮命令関係が強くなれば雇用契約としての性質を帯びることになる。委任と請負の区別は、仕事の完成を約するかどうかにある。住民の利用人数や利用収入などを仕事の完成とし

て約し、成果に対する報酬を支払うという性格が強ければ請負の性質を帯びることになり、成果よりも受託した事務の処理という性格が強ければ委任の性質が濃くなる。

　また、施設の利用を受託者に認めている面に着目し、受託者の受託業務の裁量範囲が大きく、委託を受けている業務の内容や品質、成果などの拘束がなく、利用料金制・収益連動型で場合によって委託者に収益が還元される契約であれば、受託者が主体となった事業と認められることから「貸借型」（賃貸借、使用貸借）の性質をも帯びることになる。しかし、一般的な指定管理においては、施設の管理主体が地方公共団体であること、受託者が、公の施設の物的な管理を中心にしながらも、住民への利用サービスの提供義務を本質的な義務としていること、利用料金制を採用するとしても、基本的には地方公共団体が指定管理料を負担し事務の継続を担保していることなどを考えると、民法上の準委任契約あるいはそれに類似する無名契約と解するのが相当である。

3.4.3　協定の法的性質

(1) 総務省通知

　2003年7月17日付総務省自治行政局長・総行行第87号「地方自治法の一部を改正する法律の公布について（通知）」によれば、指定管理者に支出する委託費等の額、細目的事項については、地方公共団体と指定管理者の間の協議により定めることとし、別途両者の間で協定等を締結することが適当であるとされている。

　また、2008年6月6日付総務省事務次官・総財財第33号「平成20年度地方財政の運営について」によれば、「指定管理者との協定等には、施設の種別に応じた必要な体制に関する事項、リスク分担に関する事項、損害賠償責任保険等の加入に関する事項等の具体的事項をあらかじめ盛り込むことが望ましいこと」とされ、指定管理者との協定等に関する留意事項として、施設に応じた必要な体制（物的・人的）に関する事項、損害賠償責任の履行の確保に関する事項（保険加入等）、指定管理者変更に伴う事業

136

の引継ぎに関する事項、修繕費等の支出について指定管理者との適切な役割分担の定め、自主事業と委託事業についての明確な区分、地方公共団体側の事情で予算（委託料等）が削減された場合等を想定し、指定管理者側と協議の場を設ける等の適切な定めが求められている。

(2) 協定締結の意義

　地方公共団体の求める公の施設の管理が、直営方式に近いものであったとしても、施設の管理においては、指定管理期間の開始からその終了まで、様々な管理業務が行われるのであり、直営とは異なり、管理の詳細の条件を地方公共団体が一方的に決めることは不可能である。指定管理期間中には、日々様々な問題が発生することが想定され、そのリスクが顕在化することを考えれば、どのような事象や事故が起こるのか、どのような対処が求められるのか、それは地方公共団体の義務なのか、指定管理者の義務なのか、またその対応をどうしていくのか等を詳細に定めていくことが求められる。

　さらに、地方公共団体が民間企業等による自由競争に基づいて住民サービスの品質向上を積極的に企図して、公の施設について指定管理者制度を採用する場合には、民間企業等からの提案及び事業計画に関する自由度、協議の自由度、協定書におけるリスク分担の公平分担度などを高めることが重要であり、その成果としての権利義務が定められる協定書は、まさに地方公共団体と指定管理者との間で自由に設計されることが極めて重要である。

　この意味で、地方公共団体と指定管理者の間で締結される協定の法的性質は、その成立の経過や合意の自由度を併せ考えれば、指定管理者に授権された権利が住民に対する使用許可権限である権力的要素を含むものである場合、指定管理者に授権された権利が住民に対する使用許可権限である権力的要素を含まないものである場合のいずれにおいても、純粋に私法上の契約であると解するべきである。

(3) 行政行為の付款説、行政契約説

付款説

協定には、指定の取消しや期間を定めて業務の一部の停止を命ずることができるという処分の効力発生や消滅についての条件、期限、負担等の条項が協定書に設けられていることから、地方公共団体と指定管理者の間で締結される協定の性格は、指定という行政処分に付されている従たる意思表示（条件）にあたるから付款であるとする見解がある。もちろん、指定行為は公の施設に関する包括的な権限授与行為であり、指定管理者に授権された権利が住民に対する使用許可権限である権力的要素を含むか含まないかにかかわらず行政行為と解するべきであり、協定の内容となっている指定の条件、期限、負担等の定めは、「指定」行為の条件に該当するものであるから、付款と解するべきである。しかし、それはあくまで協定書の条項の中には、指定の付款としての性質を有する部分があるというにとどまるものであり、協定のすべてを指定の付款と解する必然性はない。

行政契約説

また、行政契約と捉える見解がある。この見解は、指定管理者制度における条例の定めと指定行為が地方公共団体の単独行為とされていることが前提となっていること、また、たとえ当該施設における住民サービスが定型的で非権力的な役務提供がなされるにとどまっている場合であっても、指定管理者が利用者と私法上の利用契約を締結する権限は、あくまで地方公共団体から授権されたものであるから、地方公共団体と指定管理者との関係は純粋な私法上の関係に過ぎないと言い切ることに躊躇があると考えられる。しかし、前述したとおり、住民との利用関係については、そもそも定型的で権力性が弱い行政処分としての使用許可に限るものとされていた経緯と同時に現実にはほとんど権力的要素はないものであること、民間企業等に管理権を授与する限り、一定の民主的コントロール手続をとることを求めたのが指定管理者制度の指定行為であると解する限り、公の施設における住民の利用関係は、個別の公物管理法で使用許可が求められているものを除いて、ほとんどすべてが私法上の契約によって実現することは

可能であるというべきであり、微かな権力的要素があることをことさら重視して、協定を行政契約であるという必要はないと考える。

パブリックフォーラムの委託

道路、歩道、公園などにおいては、純然たる公共の広場（伝統的パブリックフォーラム）として、公会堂、公立劇場、公立学校講堂など国又は地方公共団体が自発的に公衆の表現活動の場所としてその利用に供してきた公共の場所（指定的パブリックフォーラム）については、表現活動の規制の合憲性判断において、いわゆるパブリックフォーラムの法理が適用される場合があり（泉佐野市民会館事件、太地町くじらの博物館事件、金沢市庁舎前広場事件など）、これらの施設の多くは、地方公共団体により使用許可の取消しや退去命令などの権限を明確にするため、条例の定めによって「使用許可」と明記している。

しかし、使用許可権限は、「指定」という行政処分によって授権されるものであり、協定に基づいて生ずるものではない。また、協定書において、使用許可権限の授権や行使方法が定められていたとしても、それはあくまで確認的に規定したものに過ぎないと考えられることから、これを併せて公法上の関係を規律する行政契約であると考える必要もなく、協定は私法上の契約と解することに問題はないと解される。

3.5 | 指定管理者の主体性と指定管理料・利用料金制・自主事業

3.5.1 指定管理者の主体性

指定管理者制度は、公の施設の管理権限の授権を受け、指定管理者が設置者たる地方公共団体に代わって公の施設を管理する主体となる（図表3-7）。そして、指定管理者が公の施設の管理運営についてより自立的な経営努力を発揮することができれば、民間企業等による自由競争に基づいて住民サービスの品質向上という指定管理者制度の導入目的は効率的に達成

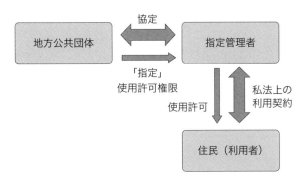

図表 3-7　協定の法的性格

される。そのためにも、指定管理者の管理主体としての事業に、どの程度の自由度と独立性を与えるか、とくに指定管理料や利用料金制、自主事業に関する設計は重要である。

3.5.2　指定管理料と利用料金制、自主事業

(1) 指定管理料
法的性格

　指定管理料は、指定管理者による公の施設の管理業務に対して、地方公共団体から支払われる対価である。指定管理による委託は、委任ないし準委任契約であるから、指定管理料は、管理業務の役務に対する報酬と解される（民法648条）。また、公の施設において住民から使用料を収受する施設においては、住民が施設を利用することに対して支払う対価があるが、これが使用料である場合には、地方公共団体の歳入となる公金である。そして、その事務は私人に委託することができるとされており（地方自治法243条、地方自治法施行令158条）、地方公共団体に帰属すべき使用料対価（公法上の債権）を、地方公共団体に代わって徴収する権限を指定管理者に対して授与することはできる[18]。

---

18) ただし、指定管理者は、使用料の減免はできないと解されている。

指定管理料の減額

　地方公共団体には、指定管理者に利益が生じる場合に地方公共団体にその利益の一部を還元したり、利用料等収入が増額すれば地方公共団体の指定管理料を減額するよう求め、指定管理者が公の施設を管理運営することで利益を収受することには消極的な場合がみられる。

　指定管理者が一定以上の利益を収受することを認めず地方公共団体に返還させるなどの協定を締結することは、地方公共団体と指定管理者との間で本来のB to B（Business-to-Business：横型の対等な企業間・法人間取引）の関係が成立している場合には問題ない。指定管理における民間ノウハウや実績を発揮させるために指定管理方法や利用料設定の自由度を上げ、双方が対等な当事者として管理運営基準に応じた利用料等の収受想定と指定管理料の負担額等の定めを協定したものであるなら問題はない。

　しかし、収益連動型あるいはそれに類する合意がなされていないにもかかわらず、指定管理者に相当程度の利益が生じたことを理由にして、指定管理者に対して収益の返還等を求めるのは問題がある。地方公共団体の見込み違いの損失等は地方公共団体の負担とし、指定管理者の見込み違いによる利用料収入減少等は指定管理者の負担とすることが公平なリスク負担として合理的であることを考えると、それは利用料等収入の増額のケースでも同様であり、原則としては、協定に何らの定めもなく、当事者の一方が見込み違いの利益を計上したからとして条件見直し要求を認めることはできないというべきである。ただし、管理業務の内容や指定管理者と地方公共団体のリスクの分担等と実績に比較して、経済変動等による想定外の事情で利益が莫大に上がるなど著しく不合理な事態が発生した場合には、その収益を地方公共団体に還元させたり、あるいは、期間途中において指定管理料の減額を行うことは考えられるが、その場合でも協定による定めが必要である。

　これに対して、地方公共団体と指定管理者との間で本来のB to Bの関係が成立していない場合には問題である。そもそも当該施設の管理業務の公益性が高く、採算の合わない業務であって、指定管理者の民間活力やノウハウが活用しがたい施設であることを前提としているケースなどでは、

指定管理者がコストダウンに成功するなどした場合あるいは利用料収入の増額がみられた場合などには、年間の利用実績と指定管理者の経費負担と収益実績をもとに地方公共団体が指定管理料の減額を求めることは必ずしも不合理とはいえないと解される場合はある。

指定管理料の増額

指定管理者が、指定管理事業を行うにあたって、指定管理料のみによる収入では赤字となってしまった場合に、指定管理料の増額を地方公共団体に請求できるか、あるいは地方公共団体が補助金を交付するのはどうかという問題がある。地方自治法では、地方公共団体が債務を負担する行為にあたり、将来の財政負担を伴うものであることから、指定管理者の「指定」にあたっては、予算において債務負担行為として議会の議決が必要になる（地方自治法214条）。

指定管理事業が指定管理料のみで賄えなくなった原因が、住民の利用回数等の低迷による使用料あるいは利用料収入見込みの減少にあり、それが指定管理者の努力不足、経済変動などの管理コストの増大などである場合、基本的には、これらのリスクを想定してリスク分担を協議した上で協定にしたがって措置を行うべきことになる。一般的には、指定管理者の経営努力不足など指定管理者の責めに帰すべき事由の場合は指定管理者の負担として、補てんはできない。また、経済変動も、一般的には指定管理者が一定の予測をした上で事業に参入すべきものであることから、指定管理者の負担として地方公共団体が負担することはできないと解される。

最高裁第二小法廷2005年10月28日判決（民集第59巻8号p. 2296）は、大分県挾間町の「陣屋の村」事件において、管理受託者の運営収支が毎年度赤字となっていたことからその赤字を町が補助金を交付することで補てんしていた件について、「その運営によって生じた赤字を補てんするために補助金を交付することには公益上の必要があるとした町の判断は、一般に不合理なものではないというべきである。本件条例が陣屋の村を設置することとした目的等に照らせば、仮に振興協会による事務処理に問題があり、そのために陣屋の村の運営収支が赤字になったとしても、直ちに、上

142

記目的や陣屋の村の存在意義が失われ、町がその存続を前提とした施策を執ることが許されなくなるものではないというべきである。そうすると、本件雇用によって赤字が増加したという事情があったからといって、それだけで、陣屋の村を存続させるためにその赤字を補てんするのに必要な補助金を振興協会に交付することを特に不合理な措置ということはできない」と判示した。

この裁判例は、業務委託に関するものであるが、公益的な施設において赤字運営リスクをどのように負担していくかという視点から考えると、赤字になった原因によっては、地方公共団体からの指定管理料の増額を認める余地はある。ただし、指定管理料の増額ではなく、これを補助金交付で賄えるかどうかは地方公共団体の公金支出手続の問題であり、指定管理の場合は、議会において債務負担行為として指定管理料の増額負担を決議するべきであると考える。

(2) 利用料金制

導入経緯

1991年地方自治法改正により、公の施設の住民が支払う利用対価について、利用料金制が導入され、2003年改正では、利用料金を指定管理者の収入として収受させることができることとなった（地方自治法244条の2第8項）。これらの改正は、前者は指定管理者が公の施設の管理運営についてより自立的な経営努力を発揮するためであり、後者はさらに地方公共団体及び指定管理者の会計事務の効率化をも図るために創設されたものであるとされている。指定管理者が利用料金を定めるにあたっては、条例で定められた範囲内（金額の上限額、算定方法、減免の考え方など）で、予め地方公共団体の承認を得ることが必要であり、指定管理者が完全に自由に定められるわけではない。また、公益上必要があると認める場合は地方公共団体が定めることになっている（同条第9項）。

また、利用料金制により指定管理者の収入として収受する場合、利用料金は、地方公共団体の歳入ではなく、私法上の債権として指定管理者の収入になる。また、私法上の債権であるから、住民利用の差別的取扱いはで

143

きないものの、理論的には指定管理者の判断で減免も可能である。このため、利用料金を納付しない場合には、指定管理者が私法上の債権として回収することになるが、私法上の債権であるため利用料金について滞納処分を行ったり、利用料金の徴収を免れた場合に過料を科すことや利用料金に対する不服申立て手続を行うことはできない（同法228条、229条、231条の3参照）。

直接収受に関する問題点

改正法は、利用料金の直接収受方式導入について、地方公共団体及び指定管理者の会計事務の効率化をも図るために制度化されたものであるとした。しかし、利用料金制によってその収入を指定管理者に直接収受させ、それが指定管理者の私法上の債権となるということは、単に利用料金の対価の帰属を移行できるとしたと解することは困難である。公の施設における住民の利用関係をみる限り、指定管理者が法的な主体となって自らが住民へのサービス提供義務を負い、これに対する利用の対価として利用料金を収受するからこそ、指定管理者の私法上の債権として認識できるはずである。したがって、この場合の公の施設に関する指定管理者の法的な地位は、地方公共団体からの管理事業の委託ではなく、むしろ公の施設を賃貸借あるいは使用貸借し、指定管理者が事業の主体となって運営していることを認めたものと解すべきことになる[19]。これを会計事務の効率化で説明するとしても利用料金制を採用し、その収受権を指定管理者に認めることは、公の施設における指定管理者による管理サービスの主体性と自由性を相当程度高く認めるものであることは間違いない（図表3-8）。

指定管理料との関係

指定管理者が利用料金を収受し、自らに帰属させる場合には、管理経費の負担について、①全額を利用料収入で賄うことも可能であり（この場合

---

19) 森幸二（2017）は「公の施設の管理においては、料金を得ることができる権利義務の主体ではなく、自治体の機関に相当するに過ぎない指定管理者に収入を帰属させるという、いわば『原理的（立体的）な例外』であるということも理解してください」とするが疑問である。

144

図表 3-8　利用料金制

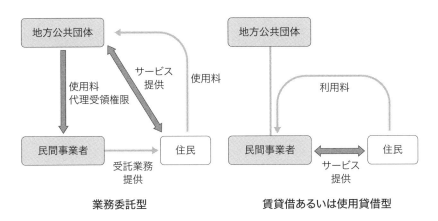

業務委託型　　　　　　　　　賃貸借あるいは使用貸借型

は指定管理料はなくなる)、②一部を利用料で直接収受し、一部を地方公共団体からの指定管理料により賄うことも可能となる。指定管理者が民間の創意工夫を活用し、経営努力によるコストダウンを図るなどすれば、①の場合には、指定管理者に収益がでることになり、その収益の全額が指定管理者に帰属するとすれば、指定管理者の事業における主体性を高めることができる。また、②の場合でも、利用料収入の増減にかかわらず指定管理料が不変だとすれば、指定管理者の事業には相当な自由度が認められ、指定管理者の事業者としての主体性を大きくすることができる。

(3) 自主事業

　指定管理における自主事業の定義が問題となる。一般的に、指定管理における自主事業とは、地方公共団体が条例あるいは協定書案で示した管理事業の一環としてあるいは付随するものとして、指定管理者の任意とされる範囲内で行われる収益事業である。たとえば、体育館における飲料用自動販売機設置事業、文化財施設におけるおみやげ品販売などが考えられる。利用料金制が採用されていない指定管理においては、住民からの使用料は地方公共団体に帰属しているから、この場合、指定管理者の自主事業といっても、民間の経営努力の範囲はおのずと限られたものになる。この場

合は、使用料収入と自主事業の収入は区分されていたとしても全体として一体のものとして考えることが合理的である。したがって、自主事業により収益が増加したときに指定管理料額を減額するなどの対応や自主事業への地方公共団体の関与も認められやすい。

　なお、指定管理者が指定管理を行う目的を達成するために、たとえば、道の駅などでの物品販売を指定管理者に委託している場合など公の施設を他の住民にも利用させることで収益事業を営むことが想定されている場合は、指定管理者の自主事業は、ある意味で他の住民と同列の利用にあたり、指定管理者は当該施設の一利用者として優先的に施設を利用して行っているということもできる。このため、業務委託料と使用料収入は混然一体となっていると考えられる。このような場合には、当該収益事業自体を指定管理者に認めるのは適切ではない。

　また前述したように、利用料金制を採用し、指定管理者に直接収受を認めている場合には、施設の利用対価を収受する権利とともに施設を利用させる義務を含む「地位」を指定管理者に授権しているとも解されるから、利用料を収受する権限のみを指定管理者に帰属させるのにとどまらず、賃貸借や使用貸借と同様に、施設の利用権（住民に対する私法レベルでの利用許可権を含む）を指定管理者に許可して委ねたと考えることができ、この場合の指定管理者の管理事業は、そもそもが自主事業であると解することもできる。

　　使用料収受　施設の管理主体は地方公共団体、指定管理者は代行者
　　　　　　　　⇒自主事業は管理の一環あるいは優先的使用
　　利用料金制　施設の管理主体は指定管理者
　　　　　　　　⇒自主事業は「管理業務」に付随した「その他の業務」

第3章 | 指定管理者制度の法的検討

3.6 | リスク分担

3.6.1 総論

　指定管理者制度において、民間のノウハウを活かした住民サービスの向上と経費削減を可能とするためには、指定管理期間中における地方公共団体と指定管理者の間の責任分担とリスク分担を明確にすることは極めて重要である。公の施設の責任分担とリスク分担が明らかになってこそ、指定管理料と指定管理者の組織や人員の体制とそれによる経営努力のあり方、使用料収入あるいは利用料収入見込みが想定でき、指定管理者に指定された場合に、どの程度のノウハウ等が発揮できるのか、どの程度のコスト減額が図れる可能性があるのか、目論見が可能となるからである。

　しかし、一般的には、図表3-9のようなリスク分担表あるいは責任分担表が作成され、公募条件あるいは協定書に添付されていることが多いのが現実である。たとえば、リスクあるいは責任の項目として、賃金や物価水準、金利変動に伴う経費の増加や収入の減少、需要変動による収入減少、地方公共団体が取得すべき許認可等が取得又は更新されないことによる事業の中止や延期、施設の運営業務、維持管理、利用料金制に基づく料金徴収業務、災害時対応、災害復旧、施設の改修・計画的な修繕、管理運営の問題、そして不可抗力などが挙げられ、これに地方公共団体と指定管理者のいずれかの負担側に○印が付けられている。いわゆる「星取表」であるが、リスク負担の内容等詳細については「協議」とされている。

　候補者自身が事業のリスク分担のあり方を明確に認識し、それによるメリット・デメリットを計算することで事業への参入の可否を判断する本来の観点からは、これらのリスク分担表あるいは責任分担表は、実効性を見出すことができない。民間の企業や団体にしてみれば、指定管理者への参入メリットとリスク・デメリットが明らかにならなければ、参入の可否を判断できない。民間企業等が新しい事業に参入する場合には、リスクが顕在化したときに、当該事業者にどのような対応が求められ、その結果、ど

147

図表 3-9　リスク分担表実例

項　目		リスク分担	
		市	指定管理者
法令等の変更	指定管理者制度や施設の管理運営に影響を及ぽす法令等の変更	協議による	
	上記以外の法令等の変更		○
税制度の変更（指定管理料にかかる消費税を除く）			○
物価・金利の変動			○
需要の変動	利用料金施設及びインセンティブ（リスク）設定をした使用料施設		○
	上記以外の施設	○	
事故発生（情報漏えい等を含む）	指定管理者の責めに帰すべき事由によるもの		○
	施設・設備の設置に関する瑕疵によるもの	○	
	上記以外の理由によるもの	協議による	
施設・設備の損傷	指定管理者の故意・過失によるもの		○
	施設・設備の設計・構造上の原因によるもの	○	
	上記以外の理由によるもの	協議による	
備品の損傷			○
周辺地域・住民・利用者への対応	施設の設置に関する訴訟・苦情・要望・住民反対運動等の対応	○	
	指定管理者が行う業務及び自主事業に起因する訴訟・苦情・要望・住民反対運動等の対応		○
	上記以外のものに関する訴訟・苦情・要望・住民反対運動等の対応	協議による	
第三者への賠償（国家賠償法に基づく求償権を市が指定管理者に行使する場合を含む）	指定管理者としての業務及び自主事業により損害を与えた場合		○
	施設・設備の設置に関する瑕疵により損害を与えた場合	○	
	上記以外の理由で損害を与えた場合	協議による	
事業の中止、変更、延期	指定管理者の責めに帰すべき事由によるもの		○
	市の責めに帰すべき事由によるもの	○	
上記に定めるもののほか不可抗力（暴風、豪雨、洪水、地震、落盤、火災、テロ、争乱、暴動その他の市又は指定管理者のいずれの責めにも帰することのできない自然的又は人為的な現象）によるリスク	事故発生時の初期対応		○
	施設・設備・物品の復旧費用（ただし、市の所有するものに限る）	○	
	施設・設備・物品の復旧費用（ただし、指定管理者の所有するものに限る）		○
	事業の中止、変更、延期等に伴う費用		○
業務の引き継ぎに関する費用（引き継ぎを受ける場合及び次期指定管理者に引き継ぐ場合とも）			○

（出所）神戸市「公の施設の指定管理者制度運用マニュアル」（2019年6月改定、注は省略）。

のような費用負担が発生する可能性があるのかを検討しなければならないからである。

　また、民間企業等は、経営者の責務として、当該リスクの顕在化の可能性と費用・責任負担の程度を勘案し、その事業に参入した場合の収益や損失を想定した上で事業を査定し、そして当該事業への参入の可能性を検討することが求められている。民間企業等が新しい事業に参入するために融資を求められた金融機関においても、民間企業等から提案される事業シミュレーションを検証し、その融資を行った場合のメリット・デメリットを比較衡量した上で融資実行を判断することになる。

　つまり、民間企業等が事業へ参入することを検討するにあたっては、常に、合理的な意思決定や経営判断方法として、かかるリスクの洗い出しとその場合の責任負担などを検証する決定過程の合理性が求められている。適切なリスク判断が可能であってこそ、民間企業等は、そのノウハウを最大限有効に活用するべくベストな提案を行うことができる仕組みとなっている。したがって、指定管理期間における管理業務において、まず施設の保全、施設の管理をどういう責任分担で行うのか、その体制をどうするのか、施設の管理において、どういったリスクが発生する可能性があり、地方公共団体と指定管理者において、リスク発生の予防措置としてどのような義務を負担するのか、リスクが発生した場合はその応急対応や復旧等の手続、あるいは生じる費用負担はどちらがどの程度負担するのか、そして、その負担ができない、あるいは、しない場合などに損害賠償の負担をどうするのか、指定管理者の地位を解消することができるのかなどを定めておかなければならない。

　次頁のリスク分担表改善例（図表3-10）は、施設の保全、管理運営の中で、どちらが責任をもつかを明らかにしている。その上で、「発生する可能性のある事象や事故」「その事象や事故の発生原因者の区分」「それぞれにとるべき措置」「費用や損害の負担者」「指定管理解除」等について、具体的な記載が求められる。なお、この表は具体的記載の改善例を示したもので、リスクの最適分担を示したものではない。

図表3-10　リスク分担表改善例

事業あるいは事故	事業あるいは事故の原因	措置等	市	事業者（実施義務及び費用負担あるいは相手方の権利）
会計・資産・事業のモニタリング	モニタリングの費用負担	セルフモニタリング	検査権	負担
		市による監査	費用負担	負担
収入・支出計画とのずれに起因し、それに起因する指定管理者の収益悪化などのずれに起因し指定管理者の収益悪化など	水族生物の死亡・見込み違いなど指定管理者に帰すべき事由による場合	水族園における展示物の変更等	なし	提出
	当該施設事業に適用される法令等の変更や条例の変更などの事由による場合	コストの増加のある或いは損害の負担	なし	承認
		事業続行・変更の場合（指定管理料の増額等を含む）の提出と承認	承認・不承認権	提出
		不承認の場合の措置	解除・不承認権	あり
		解除の場合の相手方費用・損害の負担	なし	あり
	物価変動、金利変動などの経済変動、水道料金等公共料金値上げ、税率変更など市及び指定管理者双方の責めに帰すべき事由が存在しない場合	コストの増加のある或いは損害の負担	なし	提出
		事業続行・変更の場合の事業継続・損害の負担	承認・不承認権	あり
		不承認の場合の措置	解除・不承認権	あり
		解除の場合の相手方費用・損害の負担	なし	あり
施設・設備の個別損傷	指定管理者の責めその他の事由によるべき事由による場合	施設の復旧計画及び復旧費用の負担	応諾	応諾
	自然災害その他の事情によるなど指定管理者の責めに帰すべき事由による場合	復旧計画等の提出と応諾	提出	なし
		復旧計画等の提出及びその自己費用負担	あり	なし
		復旧計画が合理的な範囲を超え指定管理が著しく困難	解除権	提出
		解除の場合の相手方費用・損害の負担	なし	あり
指定管理事業の停止	指定管理者の経営困難、著しい費用増、民事再生等開始申立てなど法的手続申立てあるいはされるに至るまでの手続の開始など	再建或いは事業・続行計画等の提出と承認	承認・不承認権	あり
		不承認の場合の措置	解除権（指定取消）	あり
		解除の場合の相手方費用・損害の負担	なし	対応措置
	指定管理者の破産等の破産等の申立て等による場合	対応措置	解除権（指定取消）	対応義務
	自然災害その他の事情による施設の損傷等により指定管理事業の存続が不可能となった場合	応急対応	なし	提出
		工事及び続行計画等の提出	協議	ある
		続行計画による事業停止期間中の収入減少負担	なし	なし
		全体事業の続行が著しく困難な場合	なし	対応義務
		相手方の費用・損害負担	協議	対応義務
利用環境の変化や生命身体あるいは財産等生の事故	施設・設備の瑕疵に起因して発生した場合	応急対応	なし	対応義務
		第三者への措置賠償及び関係者への対応	賠償及び費用負担（ただし、国家賠償法に基づく求償権を含む）	対応義務
	施設・設備自体の瑕疵に起因して発生した場合	応急対応		対応義務
		第三者への損害賠償及び関係者への対応		対応義務
周辺地域・地域住民利用等への対応	自然災害その他の事情による場合	応急対応		対応義務
	指定管理者による管理運営に起因して発生した場合	苦情、要望などの対応及び自己費用増加負担		対応義務
	自然災害発生等不可抗力に起因して発生した場合	応急対応	協議	対応義務
		合理的期間を超えた基礎維持としての施設提供の費用増加負担	費用負担	対応及び負担
	個人情報の漏えいによる場合	事後措置及び損害賠償等の負担	なし	措置義務及び費用負担あり

（出所）神戸市「須磨海浜水族園・海浜公園再整備等設置事業公募設置指針（別紙2）リスク分担表」（2019年5月15日）。

3.6.2 協議の必要性と問題点

（1）リスク分担決定のための協議の必要性

　指定管理者制度において、民間企業等と地方公共団体の対話や協議は重要である。民間のノウハウを活用することを目的とする限り、協議なくしてその実現は不可能だからである。またリスク分担や責任分担においても、何らかの事象が起こった際に、その原因が地方公共団体にあるのか、民間企業等にあるのか、またどの程度あるのか、あるいはまたどちらにも原因を求められない不可抗力なのか。どういう場合に、どちらの責めに帰すべき事由と判断され、どの場合に不可抗力と判断されるのかの基準を定めること、そして、その基準に基づいて、リスクを誰が負担するのか、あるいはしないのかを定めておくことが重要である。

　その上で、リスク負担の限度を定め、損害賠償や違約金を定め、その程度が大きい場合は、場合によって、その事業からの撤退や指定の解除等リリース方法を定めていく。まずは、この枠組みを理解し決定しておかなければならない。たとえば、法令変更のリスクと一言でいっても、法律の制定、改正、廃止と条例の制定、改正、廃止がある。法律の制定、改正、廃止は国会が議決することであり地方公共団体の帰責事由とは考えられないが、条例の制定、改正、廃止となると当該地方公共団体の議会が議決することであり、当該地方公共団体の帰責事由となるのではないかということも問題となる。また、法律等の制定、改正、廃止といってもその種の事業の全体に影響する場合と当該指定管理者のみに影響する場合などがある。

　したがって、これらを十把一絡げにして星取一覧表にするだけでは、リスク分担を検討したとはいえず、事業者は参入の可否を検討するためのリスク算定を行うことはできない。不可抗力の範囲とリスクの程度、施設の設計建築の瑕疵、維持管理運営上の問題点としての収入の減少、施設更新、突発的な修繕費用、付帯事業の事業計画、契約解除のリスクと損失などについてひとつひとつ丁寧に議論されなければならない。

(2)「協議する」というリスク分担

　他方で、リスク分担あるいは責任分担において、「協議する」という対応は、民間企業等からみれば大きなリスクとなる。「協議する」というのは、法律的にいえば、現実にそのような事情が発生したときに、協議の方向性や権利義務の存否、程度はもちろんのこと、協議の方法さえも何も定めていないままで、話し合うことだけが定められているということを意味しており、契約時点では何も決めていないということに等しいからである。

　また、話し合うことは善意的な対処方法にみえるが、話し合う機会も設けなかった場合にどうするのか、話し合いが不調に終わったらどうするのかはまったく不明である。

　つまり、「協議」とは、想定リスクに対して、「そのときはそのときでいい」と何らの定めもしていないことに等しく、それを承知で指定管理事業に参入してくる民間企業等とは、①地方公共団体との何らかの特別な関係を重視して採算度外視で参入してくる事業者、②地方公共団体から「柔軟」で不合理な判断を強いられても参加するという「奇特な」事業者、あるいは、③どのような事態が発生したとしても「協議する」条項をもとにしてリスクをとる意思がない事業者のいずれかといっても過言ではない。この意味で「協議する」条項は、適切なリスク判断をしないままで、「ぜひあなたの活力を導入してもらいたい」と公言しているに等しいといわざるを得ず、適切で合理的な判断をもって参入しようとする民間企業等の参入を阻害するリスクとなっている[20]。

　ただし、地方公共団体として、どうしても「協議」としなければならない場面がある。それは、地方自治法214条の債務負担行為と債権放棄に該当する場合である。二元代表制をとる地方自治制度にあって議会の承認を得なければならない行為について、議会の承認を経ないままに債務負担行為や債権放棄に該当する事項を協定書に記載することはできない。損害賠償額の定め、違約金の定めなどは債務負担行為になるほか、事業者が負担すべき損害賠償についての上限設定などは債権放棄につながる可能性があ

20）井口寛司（2016）。

るからである。こうした事情についても地方公共団体側が一方的に正当化するのではなく、民間事業者と事情を共有した上でリスク分担を検討する必要がある。

地方公共団体と指定管理者とのリスク分担の基本的な考え方には、PFI事業に関連して内閣府が示したガイドラインが参考にされている。同ガイドラインは、「リスク分担については、想定されるリスクをできる限り明確化した上で、『リスクを最もよく管理することができる者が当該リスクを分担する』との考え方に基づいて協定等で取り決めることに留意する必要がある」と示されている[21]。

(3) リスク分担と指定管理者の自由度、協議前の対話と協議
リスク分担と指定管理者の自由度

当該指定管理事業において発生する事象についてのリスク分担を定めることで、指定管理者にとって参入リスクが算定できることは重要である。コストやリスクに直接の影響を与える外的要因である「事業に直接関連する法制度の変更」「許認可取得の遅延」「税制度の変更」のリスク負担、自然災害における事業継続リスクの負担、第三者賠償のリスク負担、資金調達リスクの負担などについて、自らのリスク負担や責任分担が明確になること、かつ、そのリスクが算定できることで、民間企業等の参入の自由度が明らかになる。最近の自然災害の多発と大規模化を考えると、事業を中止せざるを得ない場合の管理のあり方や復旧のあり方、事業継続計画の策定方法についての負担なども詳細に示すことが重要となる。

協定前の対話と協議

民間企業等からのサウンディングによる民間企業等の業務範囲、収支シミュレーションの意見聴取や、民間企業等のアイデアと工夫を含む提案の募集、あるいは事業者選定後、選定事業者の提案内容の確認手続における詳細協議で一定の事項についての仕様を定めていくというやり方などは、

---

21) 内閣府（2001）「PFI事業におけるリスク分担等に関するガイドライン」p. 2による。

民間企業等の指定管理事業の自由度を高める方法としても重要である。

3.7 | 管理事項について

公の施設は、特定の目的をもって設置されており、その目的は、根拠となる法律及び条例のほかに、当該地方公共団体で策定した総合計画、各種行政分野別計画などで位置づけられた政策目的ももっている。したがって、当該指定管理事業の目的、コスト、施設管理の要求水準、住民利用者への対応と地域との連携活動、そして指定管理者制度を適用するにあたっての政策目的などに対する基本的な地方公共団体の考え方をもとにして、指定管理者に求めるべき技術、ノウハウ等が明確に定められなければならない。

3.7.1 指定管理者の構成

法人その他の団体であれば、指定管理者に指定することができる（地方自治法244条の2第3項）。したがって、株式会社はもちろん社団法人、財団法人、中小企業等協同組合法に基づく協同組合、特定非営利活動法人などの法人と法人格を有していない社団や組合も含まれる。そして、いわゆる共同企業体として、複数の株式会社や特定非営利活動法人などで形成されるグループもひとつの団体として認められれば指定管理者に指定できる。共同企業体といっても、合弁企業として法人格を組成するものもあるが、一般に指定管理者候補者として現われる共同企業体は法人格を有していない任意の事業組織体を構成することが多い。

したがって、共同企業体の法的性質を検討した上で指定管理者の主体をどのように捉えるかを検討しなければならない。一般に、団体には、社団的な実態的性格を有するものと、組合的な実態的性格を有するものがある。指定管理者候補者として現われる法人格を有しない団体が、どのような性格を有しているかはそれぞれの団体において、構成企業の出資比率、技術力や人的あるいは物的能力の拠出、代表者制度の有無などの定めをもとに

判断する。

　判例は、建設業における共同企業体についてではあるが、共同企業体は、基本的には民法上の組合の性質を有するものであるとしている（最高裁第三小法廷1998年4月14日判決民集第52巻3号 p. 813）。したがって、その権利義務は、原則として全構成員に帰属するから、地方公共団体との協定など対外的な法律行為もまた原則的には全構成員の名で行うこととなる。ただし、その他の対内的業務等について、常に構成員全員によっていたのでは円滑な運用が実現できないため、共同企業体協定書において代表者制度を設け、代表者が共同企業体を代表して施設の管理運営に係る主導的な役割を担い、対外的な折衝権限をもっていることが望ましい。

　また、指定管理者としての共同企業体代表者は、経営規模や出資割合、技術力、責任負担などにおいて団体の中での優位性をもっていることが適切である。地方公共団体との権利義務関係は、共同企業体が組合であるとすれば、組合の債権者は、組合財産に対してその権利を行使し、あるいは、組合員に対して損失分担の定めの割合又は組合員の等分の割合で権利行使することになる（民法674条第1項・第2項）。ただし、債権者が組合の損失分担割合を知っていたときは、その割合により権利行使できる（同法675条）。なお、前掲の最高裁判例では、構成員企業が株式会社である場合は、「会社が共同企業体を結成してその構成員として共同企業体の事業を行う行為は、会社の営業のためにする行為（附属的商行為）」であり、「共同企業体の各構成員は、共同企業体がその事業のために第三者に対して負担した債務につき、商法511条第1項により連帯債務を負う」としている。

　したがって、指定管理候補者が法人格を有しない任意団体である場合には、団体内部の出資比率や業務分担、意思決定方法、代表者、損失負担割合と方法などを明らかにし、一定の事項について表明保証を求めるなど団体に応じた対応が求められる。なお、PFIと指定管理者制度が併用される事業にあっては、指定管理候補者として事業者がSPC（特定目的会社）を構成することも考えられ、この場合はまた独自の検討を要することになる。

3.7.2　管理業務

　個別条例において管理業務の範囲及びその基準と指定管理者の責務を定めた場合においても、管理業務についてはさらに詳細な事項について規定する必要がある。基本的な管理業務の種類とその実施基準、そして、管理運営方針、管理運営体制とその基準、公の施設の使用許可に関する業務と権限、利用料金の収受に関する業務と権限、また緊急時の体制と対応の業務と権限等について規定する必要がある。また、事実上の管理権限（施設管理権）に関する業務と権限、さらに自主事業に関する業務と権限も規定することが必要である。とくに管理業務が指定管理者に求められる基準どおり履行されているかどうかの確認と事業評価のためには、管理運営方針、管理運営体制の基準、管理業務の実施基準が適切に定められていることが前提である。したがって、これらの基準は、定数的及び定性的な基準をできる限り明確に規定することが重要である。

　なお、募集要項やその際の仕様書等、指定管理者候補者から提出された提案書類にも様々な管理運営に関する基準が記載されている。ただし、それらに記載した基準にそもそも法的効力があるのかどうかや、基準が様々で相互の優先順位が不明であることが多い。したがって、協定書には、当該協定が募集要項等、要求水準書、仕様書並びに提案書類と一体のものであり同等の法的効力を有するものであって、いずれも協定の一部を構成すること、また、各書類間に齟齬又は矛盾がある場合には、協定書、募集要項等、要求水準書、提案書類などの順で優先的な効力を有する旨などを記載し、提案書類の内容が要求水準書に定める水準を超える場合には、その限りにおいて提案書類が要求水準書に優先するなどの効力の優先順位を記載するなどの工夫が求められる。

3.7.3　指定管理期間

　指定管理期間は、法令上の制限は存在しない。したがって、地方公共団体において、施設の目的と性格、実情などを考えながら、民間によるサー

ビスの安定と向上が図られ、かつ、経費削減が見込まれる期間として適切な期間が設定されなければならない。他方で、指定管理者（候補者）としては、当該施設を管理運営するにあたり、当該施設の建設からの年数や保全状態によって修繕の必要性がどの程度あるか等のコスト面、求められる体制による従業員の雇用面、安定的な事業と採算性、そして社会経済変動予測をもとにした時間設定など自らの競争力を十分発揮できて安定的に運営できるための期間を求めている。

　したがって、指定管理期間の設定は極めて重要な事項にあたり、設定にあたっては、当該施設の現状等をみながら、地方公共団体と民間企業等双方のメリット・デメリットを検討して設定することが重要である。また、指定管理期間の期間内に指定管理期間を変更する必要に迫られる場合が考えられる。一般に指定管理期間の変更については、地方自治法244条の2第5項に基づいて議会議決が必要であると解されている[22]。

　しかし、民間企業等にとって指定管理期間の変更が重要な事項であることを考えると、変更の理由が自然災害による場合など地方公共団体と指定管理者の双方の責めに帰すべきではない理由による場合は別として、地方公共団体の政策変更に伴う場合など地方公共団体の責めに帰すべき事由による場合は、当初期間が途中で終了してしまうことによる民間企業等の逸失利益等については自治体に損害賠償義務を認めるのが適当であり、指定管理期間の変更とその事後措置について協定書に明記することが求められる。

　なお、指定管理期間の更新も行うことができる。ただし、期間の更新は、議会の議決を経ることが相当である（同法244条の2第5項）。また、指定管理者が指定管理期間内を良好な管理運営実績をもって遂行したとしても、改めて指定管理者の選定手続（公募など）を実施すべきであるとも解される。したがって、改めて選定手続を経ることなく更新することが想定される場合には、更新条件やその期間については条例に定めがあることが求められると解するべきである（同条第4項）。

22）成田頼明監修（2009）p. 105。

3.7.4 募集要項等の法的効力と表明保証条項

(1) 募集要項等の法的効力

募集要項（いわゆる仕様書）、要求水準等の公募における様々な前提条件や事業者が応募にあたって提案書に記載した条件等が、地方公共団体と指定管理者の権利義務関係において法的拘束力をもつものかという問題がある。一般的には、公募条件、募集要項記載事項、提案書なども協定書の内容となる旨を記載する協定書は存在するが、公募条件が定められてあっても、公募条件に違反するときにどのような効果を発生させるのかが明確ではない。募集要項記載事項においても、地方公共団体の義務と民間企業等の権利が対応しているとも限らないし、どれが法的義務であり、どれが努力目標かの区別がつかないのが現状である。とくに提案書については、必達目標と努力目標の区別ができていないことが多いために、違反と認められたとしても損害賠償の対象になるのか、解除権の発生要件になるのかも不明である。

したがって、協定書において、公募条件、募集要項に定める必達条件、提案書に記載した重要事項などについて、指定管理者の指定後に協定書に盛り込むことを基本とすべきである。また、少なくとも提案書のうちで選定の際に優先的な地位を得る条件となった事項については、協定書に書き込むべきである。

(2) 表明保証条項

表明保証条項として、指定管理者の権利能力や行為能力などの資格、財務諸表の正確性等に関する事実について、その事実が真実かつ正確である旨を地方公共団体に対して表明し、その内容を保証すると誓約する規定を置くことがある。英米法では、表明保証した事項が誤っていた場合に、それを信じた相手方に生じた損害を補償することとされている。

日本でも、企業のM&A等において、表明保証条項を設け、その法的効力が争いになることも多くなっており、表明保証条項を設けている場合、その法的性質は損害担保契約であると解されるのが一般的であり、その違

反は債務不履行であるとして民法415条が適用された上で、表明保証条項にしたがって解除や損害賠償請求という法的効果が認められることがある。しかし、解釈の余地のない明確な表明保証でないと責任が特定されていないとされた例もあり、この条項を設ける場合には、表明保証する事項を明確にすること、表明保証に違反した場合に損害賠償や解除の効果が発生する旨を明示することが重要である。

3.8 モニタリング

3.8.1 総論

モニタリングは、公の施設の管理運営について、条例、実施基準、仕様書及び協定書において定めている「管理」業務を指定管理者が基準どおりに適切に履行しているかどうかについて、指定管理者から事業計画書、事業報告書、アンケート結果等を提出させ、地方公共団体がそれらを確認し、自らも実地立入調査などを実施することで評価を行い、その上で指定管理者を監視して管理、監督することである。

指定管理者制度の導入経緯において、当初、公的団体や公共的団体あるいは外郭団体のみが外部委託の対象とされたのは、それらの団体に対しては監督権限があったことによるが（p. 114参照）、民間事業者たる指定管理者に対しては監査委員による監査権限が存在するのみである（地方自治法199条第7項）。指定管理者は委託業務を受託しているため、それを実施基準どおりに履行し、施設の保全、会計等を適正に処理する義務があるのはいうまでもなく、地方公共団体は委託者として委託業務が適正になされているかどうかについて、この監査権限や協定に基づいて適切なモニタリングを実施することで指定管理者の業務を監視し、管理、監督することが求められている。

しかし、地方自治法244条の2第10項においては、地方公共団体は指定管理者に対して管理の業務又は経理の状況に関し報告を求め、実地につい

て調査し、又は必要な指示をすることができるのみであり、どのような具体的な報告が求められるのか、実地調査の方法等は必ずしも明らかではない。したがって、地方公共団体は、これらの地方自治法上の調査に限らず、日常的な調査を実施しなければならないのは当然であり、指定管理者が地方公共団体の監督権限に服することのない民間企業等である場合は、とくに協定書においてこの方法等を明記しておくことが求められる。

近時、指定管理における管理運営の質の低下、人員配置などの体制不備、実施基準の不履行、提案事項の不実施、会計管理の不祥事、経営破綻などが相次いで報告されていることもあり、地方自治法の改正を踏まえてモニタリングの適切な実施は重要となっている。また、地方公共団体における内部統制のあり方に関する研究会[23]は、指定管理等の民間委託においても、地方公共団体には「委託者としての責任が残るものであり、受託者に対するモニタリング等を通じて、委託業務に係るリスクを管理する取組が求められている。特に、現場が遠くなることによって、業務に潜むリスクに気づきにくくなることや、委託業者との責任の分担があいまいになりやすく、重大なミスが見逃される可能性があることに留意すべきである」としている[24]。

3.8.2 方法

モニタリングは、指定管理に関する当該事業の実施状況（施設の利用人数、稼働率、イベント等の開催実績）、施設の保全維持や管理状況（保守管理、清掃等）やその質、利用者からの評価、自主事業の実施状況、また指定管理者の事業収支や財務内容等について行われることになる。したがって、モニタリングの対象やその方法及び費用負担について協定書に定め

---

23) 地方公共団体における内部統制のあり方に関する研究会（2009）「内部統制による地方公共団体の組織マネジメント改革——信頼される地方公共団体を目指して」p. 77による。

24) 指定管理における管理不行き届きの原因は、指定管理の現場が地方公共団体からはみえにくくなることから起こる「情報の非対称性」にあるとされる。情報の非対称性により当事者意識が希薄化することで、地方公共団体から「手離れ感」が発生し、委託を受けたエージェントがプリンシパル（本人、依頼者）の利益に反してエージェント自身の利益を優先した行動をとるエージェンシー問題を引き起こしていると指摘される（馬場伸一〔2018〕p. 58以下）。

160

ておくことが求められる。事業計画書記載事項の達成を指定管理者の法律上の義務とするかどうかを定めることは重要である。当該記載事項を指定管理者の管理義務のひとつであるとした場合は、達成しない場合は債務不履行として損害賠償や解除あるいは指定管理取消し等の問題ともなる。当該記載事項が必達の範囲か努力義務の範囲かは、選定時点の指定管理者の提案等を踏まえ、いずれかを決定し協定書に明確に記載することが望ましい。

(1) 指定管理者による自主モニタリング

指定管理者が自主的に自らの事業計画についての目標管理を行い、その問題点をチェックし、改善案やその実施等について地方公共団体に報告するのが自主モニタリング手法である。地方公共団体は、指定管理者に対して、毎会計年度ごとに事前に事業計画を提出させ、当該事業年度において、その事業計画の達成、不達成等の結果について地方公共団体への報告を義務づけることが必要である。また、指定管理事業の規模にもよるが、指定管理者の費用負担において税理士や公認会計士等の専門家によるレビューを求めることも考えられる。ただし、この報告の程度によっては指定管理者の費用負担が増大することにつながるため、どの程度の報告を求めるかについて予め決定しておかなければならない。

地方公共団体としては、指定管理者による経営破綻のリスクもあることから、指定管理者の企業としての事業収支や財務内容についても報告を求めることが必要である。協定書には、指定管理者の決算報告書や経営状況等に関する資料の提出を求めることができ、指定管理者はこれに応ずる義務があることを協定書に明記しておくべきである。

(2) 地方公共団体によるモニタリング

自主モニタリングによる報告書等を地方公共団体に提出し、地方公共団体は、指定管理等の実施状況などと事業計画との整合性並びに指定管理者のサービス内容についての質を確認する。そして、必要がある場合は、実地において立ち入り調査や点検等を実施するなどして精査し、事業計画の達成、業務の品質向上やコストの改善等を指示していくことになる。

161

具体的にモニタリング活動として考えられるのは、事業開始年度前の事業計画書の提出と確認、事業年度内では月次報告書の提出と確認、定期的な実地調査と随時の利用者からのアンケート調査、そして事業年度終了後における事業報告書の提出と自主モニタリング結果の報告書提出と確認がある。また、指定管理者の事業収支や財務報告書の提出と確認もある。地方公共団体は、これらのモニタリングによりその管理の実施等を評価する。この場合、地方公共団体のモニタリングの前提となる資料の保存がなされていないこともある。指定管理者に対しては少なくとも行政文書の保存年限までは経理書類や指定管理事業の管理状況に係る原本類及びデータを保存すべきことを明記しておかなければならない。

(3) 第三者によるモニタリング（監査）

　地方自治法199条第7項は、監査委員が、指定管理者に対しても監査対象とすることを明記している。2003年地方自治法改正により指定管理者制度が導入されたことに伴い、監査委員の監査対象が拡大されている。この監査権の及ぶ範囲は、「行わせている管理に係る出納その他の事務の執行」とされており、「経営全般にわたる出納その他の事務の執行まで対象になるものではない」と解されている[25]。また2017年地方自治法改正により、監査委員に常設又は臨時の監査専門委員を置くことができるものとされた（地方自治法200条の2第1項）。したがって、公認会計士や弁護士から臨時の監査専門委員を設置し、指定管理業務の監査にあたることもできる。

　指定管理者は、地方公共団体からは独立した法的主体であり、民間企業等の場合は地方自治法に定めるほかは管理監督する権限はない。したがって、協定書において、これらの監査方法を含めたモニタリングのあり方を定めておくことが重要である[26]。

---

25) 松本英昭（2017）p. 709。
26) この点、馬場伸一（2018）は、修繕料の水増し請求事案において、施設所管課は多忙かつ監査ノウハウがないことから生じたとし、「所管課による日常的監督とモニタリングに加え、監査が帳簿と領収証の証拠書類をチェックし、最終支出まで確認する」ことは「とても重要であり、必須であると言える」とするが、これらも協定書において定めないで行うことは困難である。

3.8.3 リスク分担事項

（1）施設の瑕疵、補修、更新、損傷
施設の瑕疵、補修、更新

　施設の機能や安全性の維持のために、ハード面における瑕疵や補修、更新についての責任分担や費用負担を定める必要がある。指定管理の場合は、そのほとんどの施設の所有権は地方公共団体にある。また、民法上の賃貸借契約においては、賃貸人は「貸す」義務を負担しており、賃貸物件の保全は基本的には賃貸人の義務とされ、賃借物の使用及び収益に必要な修繕をする義務を負っている（民法606条1項）。したがって、指定管理における委託においても、施設の瑕疵や補修、更新についての義務は、原則的に地方公共団体の負担とされるべきである。ただし、建物賃貸借契約においては、小規模の修繕義務を賃借人に負担させることも不合理ではないとされているため、一定限度の小修繕について指定管理者に負担させることも可能である。一定の金額を定めて「1件○○万円を超える修繕は自治体が、それを下回る場合は指定管理者が負担する」などの定めがなされていることが多いが、「1件」という定義が不明確であること、修繕を要する原因には、施設の保全計画に基づく場合や自然災害等による損傷の場合があり、民間企業等が事業計画として組み込むことができるかどうかに差異があること、また詳細は協議とされていることなど、曖昧な責任分担規定となっていることなどいくつかの問題がある。修繕の責任と費用分担については、事業計画に大きく影響することであるから、民間企業等が想定しやすいように修繕を要する原因ごとに区分して明確にすることが求められる。

施設の損傷

　施設の損傷の原因が、地方公共団体あるいは指定管理者の責めに帰すべき事由に基づく場合は、帰責事由を有する者が修復費用等を負担すべきは当然である。豪雨、暴風、高潮、洪水、地震等の自然災害、暴動、騒乱など不可抗力により施設が損傷を受けた場合は、その修復費用は、地方公共団体が負担すべきことになる。ただし、指定管理者に負担させても不合理

163

とはいえない程度の小さな損傷である場合は、施設の瑕疵や補修と同様、応急措置に係る費用を含めて指定管理者の負担としても不合理ではないと解される。近年、大雨や暴風等の自然災害が頻繁に発生していることを考えると、この限度をどこまで詳細に定めるかは大きな問題となる。

(2) 使用料あるいは利用料の収入減少あるいはコスト増加

　使用料あるいは利用料収入が減少あるいはコストが増加する事象について、指定管理者はある程度の経済変動等を予測した上で事業に参入すべきであることから、物価水準、賃金水準、金利あるいは経費の変動による使用料あるいは利用料収入の減少あるいはコストの増加負担は、基本的に指定管理者の負担としてよい。指定管理期間が3年ないし5年程度の場合であれば不合理とされる理由はない。また、コストの増加負担の原因が税率変更、労働法等の法令変更などの場合でも同様である。とくに、利用料金制を採用し、指定管理者による独立採算で運営されている場合は、指定管理者がこれらのリスクを想定して自らの事業計画を立てることを考えると、指定管理者の負担とするのは合理的である。

　これに対して、使用料あるいは利用料と地方公共団体からの指定管理料による双方の収入により事業が行われている場合は、経済変動等の事象によって指定管理業務の継続が困難な場合には、指定管理料を増額する措置を定めておくことにも合理性がある。ただし、指定管理業務の計画どおりの続行が困難になった場合に、指定管理料金額の見直し等の事業変更計画を提出する義務を指定管理者に課した上で、その対処を協議することは必要である。

　また、経済変動等の原因をもって指定管理の継続が著しく困難となったような場合に、指定管理を解除する権限を地方公共団体のほか指定管理者にも与えるかどうかも検討が必要である。これは対象施設の性格、指定管理の目的、管理の内容や指定管理期間、指定管理料と使用料、利用料の負担関係などを考慮して決定される。なお、法令には一般的に当該地方公共団体の議会が行う条例変更も含まれる。条例の制定や改正、廃止は地方公共団体側の事情によるものであり指定管理者にはどうすることもできない

事情となる。しかし、条例制定等であっても、当該施設のみに適用され、その事業に直接的な影響が及ぶものでない限り、経済変動と同様、原則的に指定管理者の負担とすることに不合理な点はない。

(3) 事業の停止等

　指定管理者の破産手続など事業破綻により事業が停止される場合は、指定管理者が管理を継続することは適当ではないから、協定における解除権を行使し、指定を取り消すことになる。また、指定管理者の経営困難や信用悪化、あるいは民事再生、会社更生開始手続の申立てがなされるなどにより事業の停止となる場合あるいはそれが見込まれる場合は、指定管理者に再生あるいは続行計画の提出をさせた上で指定管理者が管理を継続することが適当かどうかを判断し、場合によって解除権を行使するとともに、指定を取り消すことを定めるのが適当である（地方自治法244条の2第11項）。

　これに対し、豪雨、暴風、高潮、洪水、地震等の自然災害、暴動、騒乱又は感染症等の疫病などいずれの当事者の責めにも帰すべからざる事由により指定管理事業の実施に直接かつ不利な影響を与えるなどし、地方公共団体が指定管理業務の全部又は一部の停止を命ずるような事情が発生した場合には、当該事業は停止されることになる。まずこれらの事由により施設の設備等が損傷を受けた場合の修復費用は、指定管理者に負担させても不合理とはいえない程度の小さな損傷でない限り、その修復は地方公共団体が負担すべきである。しかし、施設の損傷が小さい場合には、修復をはじめとした応急措置に係る費用を指定管理者の負担としても不合理ではない。これは施設の設備等の損傷がない場合も同じである。

　ただし、地方公共団体が指定管理料を負担している場合に、施設の事業が停止していることを理由に停止期間中の指定管理料の支払いを停止・減額等どのように扱うかが問題となる。施設の損傷や自然災害、疫病などにより当該事業の相当長期な停止が見込まれる場合には、地方公共団体の指定管理料負担の程度にもよるが、人件費や管理コストのすべてを指定管理者に負担させることは、自らコントロールできないことがらを指定管理者

のみに負担させることになり不合理である。事業の再開までの期間等を勘案して地方公共団体が指定管理事業の停止期間中の費用負担を応分に負担することはむしろ合理的な場合がある。したがって、協定書においては、指定管理料の金額と指定管理者が労働契約等により負担する人件費や管理コストの比較等を行いながら負担を決定していくことになる。

(4) 周辺地域・地域住民・利用者への対応

指定管理者が施設の管理を通じて住民に対するサービスを提供するものである限り、施設の周辺地域、地域住民及び利用者など施設に利害関係をもつステークホルダーに対する対応は一次的には指定管理者の責任負担となる。したがって、住民や利用者からの様々な問い合わせ、ないし苦情への対応は原則的に指定管理者が担う。このため、問い合わせや苦情に対する対応のための人件費等のコスト増加は基本的に指定管理者が負うとしてよい。

しかし、対応しなければならない原因が、公の施設そのものの瑕疵や利用時間など地方公共団体の所有権に基づくものや地方公共団体が定めた施設のルール、さらには政策判断に関する事項等にある場合には、第一次的な対応窓口を指定管理者が行うとしても、その後の問い合わせや苦情は地方公共団体がその責任負担者となるべきである。また、住民からのクレームを作出した原因が自治体職員の対応方法にある場合については、その対応は自治体職員が行うべきであり、そのコストは地方公共団体が負担すると考えるのが適切である。

近時、カスタマーハラスメントと呼ばれる事案も増加傾向にあり、住民からの苦情処理について問題となるケースが散見される。地方公共団体と指定管理者との間では、これらの窓口対応は第一次的に指定管理者にあるが、その原因が施設の瑕疵や地方公共団体が設定したルールあるいは自治体職員の対応方法等に起因する場合であれば、それには地方公共団体が対応し、指定管理者は管理方法等に起因する対応をしなければならないという整理が求められる。

（5）緊急事態発生時の対応

　台風や暴風雨などの自然災害、あるいは火災等の事故が発生した場合に、施設の緊急防災対策そして施設内にいる利用者あるいは周辺住民の避難誘導などの対応、あるいは電車・バスなどの公共交通機関の運行停止による帰宅困難者対策も課題となる。指定管理者が施設の管理を行っているものであるから、緊急事態発生時における施設の緊急防災対策、利用者の緊急避難や帰宅困難者対策あるいはまた周辺住民の避難場所としての施設提供なども一次的には指定管理者の責任負担としてよい。指定管理者が管理者であること、そして、一定限度までは指定管理者も「共助」として当該施設の管理を通じて地域に対する社会的責任を負担しているからである。

　しかし、施設の緊急防災対策に使用した物品等の費用については地方公共団体負担とすべきである。また、応急対策に要した人件費を中心としてコスト増についても指定管理者として合理的な期間あるいは合理的な経済的負担を超えた負担を指定管理者に負わせるのは適切ではない。自助・共助・公助の関係については、「第2章　2.3.2　災害時の政策ガバナンス」を参照されたい。

（6）自治体職員の指揮命令関係、労働法の問題

　指定管理者が自ら労働法令を遵守することは当然であるが、さらに2010年12月28日付総務省行政局長通知「指定管理者制度の運用について」は、「指定管理者の選定にあたっても、指定管理者において労働法令の遵守や雇用・労働条件への適切な配慮がなされるよう、留意すること」と助言している。問題は、指揮命令関係である。指定管理者制度の場合は、地方公共団体から指定管理者に対する施設の管理委託になる。したがって、地方公共団体が指定管理者の従業員に対して、直接指揮命令を行うことは許されていない。

　労働法において、直接の指揮命令が法的に可能なのは、指定管理者の従業員が地方公共団体に出向して指揮命令関係に入る、あるいは、労働者派遣法に基づいて指定管理者が地方公共団体に従業員を派遣する以外にはない。したがって、指定管理者が地方公共団体の機関となって利用者への使

用許可、使用料徴収などの事務を行っている場合であっても、地方公共団体職員が指定管理者の従業員に直接の指示を行った場合は、いわゆる偽装委託との疑念を抱くことになる。地方公共団体職員が指定管理者に指示を行う必要がある場合には、指定管理者の責任者に対してのみ指示を行う体制をつくる必要がある。つまり、地方公共団体職員が管理事務について指定管理者と協議をしたり、指示をする場合に備えて双方の管理責任者を定め、報告連絡指示などはその責任者を通じてのみ行うこととする[27]。

(7) 個人情報保護

　指定管理者は、個人情報保護法に則り、自ら取得した個人情報あるいは地方公共団体が保有する個人情報を管理業務の引継ぎにおいて提供を受けた場合は、個人情報の取扱いについて、取得、利用、管理の各場面において法律上の義務を遵守しなければならないことは当然である[28]。そして、地方公共団体においても、指定管理者に施設の管理事業を委託しているものである限り、指定管理者に対して個人情報の管理のための必要な措置を講じることを求め、個人情報の漏えい防止等に対し適切に監督することが求められ、公の施設の種類や管理業務の内容によっては条例で取扱い方法や罰則を規定することも考えられる[29]。

(8) 損害賠償

損害賠償・違約金の定め

　指定管理においては、指定管理者が、実施基準あるいは仕様書等で定め

---

27) 刑法7条が「『公務員』とは、国又は地方公共団体の職員その他法令により公務に従事する議員、委員その他の職員をいう」とされていることから、法令により公務に従事している職員である指定管理者の従業員も「みなし公務員」と解されているために、指定管理者の従業員は「みなし公務員」として直接指揮命令を行うことが可能などと誤解をしている場合がある。しかし、刑法の規定はあくまで刑法適用場面において犯罪主体としての「公務員」に該当すると定義されるだけであり、労働法において公務員とみなされているわけではないことに留意しなければならない。

28) 総務省自治行政局長（2010.12.28）「指定管理者制度の運用について（通知）」と題する助言として、第7項「指定管理者の選定の際に情報管理体制のチェックを行うこと等により、個人情報が適切に保護されるよう配慮すること」とある。

29) 成田頼明監修（2009）p. 137。

る管理方法や管理の基準にしたがった施設の管理事務のほか、区分経理、自主的なモニタリングや様々な法令上の許認可手続を行い、この対価として地方公共団体が必要な指定管理処分手続を行い指定管理料の支払い等を行うことが協定に定められている。したがって、指定管理者が管理基準を満たさないなど協定に反した場合、あるいは地方公共団体が指定管理料を支払わないなどの協定に反した場合は、それぞれ相手方に対して債務不履行による損害賠償請求をすることができる（民法415条）。指定管理者の義務違反に基づく地方公共団体の損害としては、指定管理が仕様基準どおりに履行されないことによる使用料収入の減少、指定管理者が行うべき事務作業を補充するための代替管理費用等が考えられる。

　また、指定管理者による協定遵守を求めるために、協定違反の場合の違約金条項を定めることも考えられる。違約金の定めには、違約罰として損害賠償額とは別途負担を求めるものと、損害賠償額の推定としての金額を特約しておく違約金もある。ただし、施設によっては、指定管理者の管理が債務不履行により停止した場合などで地方公共団体の求める損害賠償額が指定管理料や指定管理者の事業に伴う収入を超える場合があるために、指定管理者に帰責事由がある場合でも損害賠償額に上限を設けることを求める場合もある。

　しかし、損害賠償額に上限を設けることは、公法上の債権の放棄に関して原則的に議会の議決に基づく債権放棄手続（あるいは政令又は条例に特別の定めがある場合はそれによる）が必要とされる場合もあり（地方自治法96条第1項10号）、議会の議決を経ずに指定管理者が負担すべき損害賠償金額に上限を設ける協定条項を入れることはできない。

　また、逆に、地方公共団体の債務不履行の場合に、地方公共団体が負担すべき損害賠償について違約罰や損害賠償金額の特約を入れることは債務負担行為となるから、これも議会の議決を経ておくことが必要になると解される。

利用者等に対する賠償責任（所有者責任と管理責任）

　公の施設の所有者は地方公共団体であり、指定管理者はこの施設を管理

する者である。したがって、施設で発生した利用者や住民あるいは第三者に対する損害賠償責任は、所有者としての責任から生ずるものか、管理者としての責任から生ずるものかに区分して考えることになる。地方公共団体が損害賠償責任を負う場合として、まず国家賠償法1条と2条の場合がある。同法1条では「公権力の行使に当たる公務員」が、「その職務を行う」について、「故意又は過失によって違法に」他人に損害を加えたとき、そして、また、2条では、公の営造物の「設置」又は「管理」に「瑕疵があった」ために他人に損害を生じたときに、地方公共団体が損害賠償責任を負うことになる。

国家賠償法1条関連

　指定管理者は、住民ら利用者に対する施設の使用許可権限を地方公共団体から授権されている場合があり指定管理者は地方公共団体の機関として行為することになる。また、利用者から使用料を収受するために、別途権限を与えられていることもある（地方自治法243条、同法施行令158条）。この場面では、指定管理者は、公法上の権力の行使として利用者らに対して使用許可、使用料徴収などの事務を行っているのであるから、指定管理者の従業員は、国家賠償法の「公務員」に該当する可能性がある[30]、[31]、[32]。したがって、これらの場面で指定管理者の従業員による違法行為があった場合は、地方公共団体が第三者に対して損害賠償義務を負う。そしてこの場合、地方公共団体は、指定管理者の当該従業員に故意又は重過失があった場合は、当該者に対して求償権を有する（国家賠償法1条第2項）。

　ただし、国家賠償法に基づいて使用者である指定管理者に対して請求できるかは問題である。この点、1条第1項の「公務員」は組織的・一体的

30）塩野宏（2019）p. 305。

31）最高裁判所第一小法廷2007年1月25日判決民集第61巻1号p. 1は、都道府県による児童福祉法27条第1項第3号の措置に基づき社会福祉法人の設置運営する児童養護施設に入所した児童を養育監護する施設の職員を県の公権力の行使にあたる公務員に該当するとしている。

32）名古屋高裁1981年10月28日判決『判例時報』第1038号p. 302、「国家公務員法等により公務員としての身分を与えられた者に限らず、およそ公務を委託されてこれに従事する一切の者を指す」としている。

170

に把握されることが少なくないのに対して、第2項の「公務員」は、個人
としての公務員を念頭に置いたものであり、両項の概念が常に一致するわ
けではないとする指摘があり（免責特権が認められる場合に賠償責任追及
はできるが求償は否定される）[33]、この規定をもとにして指定管理者に対
して求償権を行使することは困難とされる。しかし、指定管理者の事務に
ついては協定書等においてその実施基準や仕様が定められていて、当該指
定管理者従業員の違法行為がそれらの基準に違反している場合は、指定管
理者の債務不履行に該当するため、地方公共団体が負担した損害賠償金を
債務不履行に基づく損害賠償請求として指定管理者に請求することができ
ることになる。その意味で、協定書における具体的な実施基準や仕様の記
載は重要である。

国家賠償法2条関連

　公の施設は、地方公共団体の所有である限り「公の営造物」に該当する。
したがって、当該事故が施設の「設置」に「瑕疵があった」ことによって
発生した場合は、当然ながら地方公共団体が住民らに対する損害賠償義務
を負う。ここでいう設置の瑕疵とは、「営造物が通常有すべき安全性を欠
いている場合」をいい「これに基づく国及び公共団体の賠償責任について
は、その過失の存在を必要としないと解するのを相当とする」（最高裁1970
年8月20日判決民集第24巻9号p. 1268）とされ、ただ予見可能性のないも
のまで損害賠償義務が認められるものではないとされている[34]。

　また、施設の「管理」に「瑕疵があった」ことによって当該事故が発生
した場合も、地方公共団体が第三者に対する損害賠償義務を負うことにな
る。ただし、管理の瑕疵は、その事故の予見可能性、結果回避可能性を総

33）宇賀克也（2012）p. 400。
34）神戸市道防護柵不全児童転落事件では、「営造物の設置又は管理に瑕疵があつたとみられるかど
　　うかは、当該営造物の構造、用法、場所的環境及び利用状況等諸般の事情を総合考慮して具体
　　的個別的に判断すべきものである」とした上で、「本件道路及び防護柵の設置管理者である被上
　　告人において通常予測することのできない行動に起因するものであつた」として、6歳の幼児が
　　市道の防護柵の上段手摺に後ろ向きに腰かけて遊んでいるうちに誤って約4メートル下にある学
　　校の校庭に転落したと推認される事案において「予見可能性」をもち出して「瑕疵」を否定し
　　た（最高裁第三小法廷1978年7月4日判決民集第32巻5号p. 809）。

171

合的に判断して決定される[35]。そして「設置」「管理」の瑕疵に基づいて
地方公共団体が第三者に対して損害賠償義務を負担したときは、指定管理
者に「損害の原因について責任があるとき」は、国家賠償法2条2項に基
づいて求償権行使ができることになる。「損害の原因について責任がある」
かどうかは、指定管理者が地方公共団体に対する関係でどのような具体的
な注意義務（安全管理義務）を負っていたかどうかに係る。その意味で、
協定書における具体的な実施基準や仕様において、管理における指定管理
者の注意義務を明確に記載することは重要である。

私法上の賠償責任

　地方公共団体あるいは指定管理者は、私法上の損害賠償義務を負うこと
がある。指定管理者が「公権力の行使」に該当しない事務を行っている場
面、すなわち、指定管理者が地方公共団体から事実上の管理権を委託され
ているに過ぎない場面（住民ら利用者に対する施設の使用許可権限が授与
されていると認められない場面）で事故が発生した場合が該当する。この
場合、指定管理者は、利用者に対して不法行為としての損害賠償責任を負
うことがある（指定管理者の従業員に過失がある場合、指定管理者は使用
者としての責任を負うことになる。民法715条）。そして、この場合、地
方公共団体は、一般的には当該指定管理者の選任及び監督に過失がない限
り責任を負担することはない（新民法105条、104条、旧民法105条、民
法716条参照）。

　ただし、この場合でも、指定管理者と利用者の間で、私法上の契約関係
が存在すると評価される場合、たとえば、利用料金制に基づいて利用者か
ら指定管理者が主体となってサービス料を収受し、指定管理料などの支払
いもなく独立採算制をもって管理を行っている場合などは、指定管理者と
利用者の間は私法上の契約関係に類似すると判断される場合があると考え
られる。この場合は、指定管理者は私法上の契約関係の中で安全配慮義務

35）岐阜国道41号飛騨川バス転落事件・名古屋高裁1974年11月20日判決高裁判例集第27巻6号p.
　　395、奈良県道工事中車両転落事件・最高裁第一小法廷1975年6月26日判決民集第29巻6号p.
　　851。

等の民法上の義務を負っていると考えられ、指定管理者は利用者に対して債務不履行あるいは不法行為に基づく損害賠償責任を負う（新旧民法415条、709条）。損害を補てんするために地方公共団体は指定管理者に対して保険加入義務を定めることも重要である。施設の性質からくる事故発生時のリスクを軽減するために損害賠償額に見合う保険への加入を義務づけ、保険加入及びその継続を確認するために、保険証の写し等を地方公共団体に提出する義務を記載すべきである。この点、被保険者を指定管理者とするか地方公共団体とするかが問題となるが、上記の損害賠償義務を負う場合の類型にしたがって検討することになる。

(9) 契約解消の問題点

　指定管理の取消しは、地方自治法244条の2第11項に定めがある。地方公共団体は、指定管理者が地方公共団体の長又は委員会の「指示に従わないときその他当該指定管理者により管理を継続することが適当でないと認めるとき」は、その指定を取り消したり、管理の業務の全部又は一部の停止を命ずることができるとする。これは、地方公共団体と指定管理者との委託契約関係が、議会議決に基づいて行われる「指定」処分によって公法上の関係から生ずる効果である。したがって、地方公共団体は、指定管理者の責めに帰すべき事由による協定違反など一定の事由が生じた場合には、「指定取消し」という行政処分によって、一方的に指定管理者の地位を解消することができる。

　ただし、地方自治法が定める指定管理取消事由は、指定管理者が普通地方公共団体の長又は委員会の「指示に従わないときその他当該指定管理者により管理を継続することが適当でないと認めるとき」と定めるのみで、具体的な事由や程度についてまで定めているものではない。そして、指定取消し処分がなされれば、直ちに指定管理者としての地位喪失という法律上の効果が発生し、その効果には公定力を有するから、仮にその処分が違法であったとしても正式に取り消されるまでは有効なものとして通用し、不服審査や取消訴訟を提起したとしても処分は有効のままとなる。

　もちろん、地方公共団体がすべての違反行為を捉えて指定取消し処分を

行うことも考えられない。法解釈としても、指定管理者に対するすべての指示違反が指定取消し処分事由にあたるわけではなく、指定管理者の違反行為が、公の施設の管理を継続することが適当ではなく、当該指定管理者による管理では公の施設の設置目的を達成することができない程度と評価される場合に限られる。

しかし、民間企業等たる指定管理者からすれば、地方自治法の法文のみで、どのような場合に、指定取消しがなされるのかについては不分明というほかなく、指定取消し事由が明らかでないことは、民間企業等の事業参入には相当大きなリスクとなり得る。したがって、協定書においては、地方公共団体は、いかなる事由が生じた場合に、どのような指示を行い、またその指示にしたがわない程度がどの程度の場合に指定を取り消す可能性があるのかについて明らかにすることは重要である。また、取消事由が発生した場合に事前の催告手続をとるのかどうか、あるいはまた行政手続法第13条に基づく聴聞手続や弁明の機会付与の手続をとるのかどうかについても協定書で明らかにしておくことは有効である。

他方で、直ちには地方公共団体からの指定取消事由に該当しない場合でも、地方公共団体あるいは指定管理者からの解除権の行使がなされることは考えられる。たとえば、地方公共団体の責めに帰すべき事由により事業開始が遅延した場合、施設の損傷が発生した場合に地方公共団体が修繕等を実施しない場合、不可抗力や法令変更等による場合で、指定管理収益が悪化する程度が著しく指定管理者としての事業の継続が著しく困難な場合等において、指定管理者にとって当該施設の管理運営事務の継続が困難となった場合などには、指定管理者の権利として指定管理者からの離脱を権利として保障することは重要である。

地方公共団体が指定管理を取り消さない限り、民間企業等から指定管理委託契約に基づく拘束を解消する手段がないとすることは、指定管理への民間参入の余地を少なくする可能性がある。指定管理の安定的な運用を図りながら、民間参入の可能性を高めるためには、地方公共団体からの指定取消し事由を明らかにすること、また、一定の事由が生じた場合には指定管理者からの離脱の自由（解除権）を保障することが求められるというべ

きである。

　なお、地方公共団体としては、指定管理者からの一方的離脱を保障することに躊躇を覚える向きもある。その場合は、解除手続過程として、事前の協議手続を設ける等した上で解除権を発生させる手続とすることも考えられる。地方公共団体が協定を解除した場合や当事者間で協定書に基づく解除がなされた場合は地方公共団体が速やかに指定取消しを行うことになるが、指定管理者から解除権が行使された場合には、その解除の有効性をめぐって紛争となる可能性があり、直ちに指定取消しがなされない可能性がある。協定書には、このようなデッドロック状態を想定した手続を規定することも求められている。

(10)　契約満了と次期指定管理者の経営ノウハウの承継問題

　民間企業等からのノウハウ提供を多く求めるために指定管理者制度を導入する公の施設の場合では、指定管理期間において指定管理者が行った管理運営事務によって培われたノウハウや技術は、地方公共団体にとっても大きな財産になる一方で、指定管理者にとっても大きな財産となる。また、そのノウハウ等は、現実には、当該公の施設において管理運営事務を行った従業員によって維持されているものであることから、それらの従業員と施設との関係が解消されるのは社会的にも不経済である。

　指定管理期間の満了に伴って、次の指定管理者が選定された場合に、その培った経営ノウハウ等を次期の指定管理者に承継させることができるかどうかは地方公共団体にとって深刻な問題である。施設の機能と有機的に一体となった従前指定管理者のノウハウ等をどのように客観的に評価して、次期にもつなげていくかが問われている。条例において選定方式が公募型プロポーザル方式や総合評価一般競争入札方式として定められている場合は、従前の指定管理者の実績評価を客観的に評価した上で、実績ポイントとして付加することも考えられる。また、競争に付することが不利となる場合として、純粋随意契約に基づいて従前の指定管理者を次期指定管理者に指定することもひとつの方法である。

　いずれにしても、これらのノウハウ等はみえにくく、場合によって不公

正であるとの誹りを受ける可能性があるため、地方公共団体としては、従前蓄積されたノウハウ等とは何か、どのような客観的価値があるのかについて十分な説明責任を果たすことが求められる。また、そのために選定委員会等において十分な議論を行い、その結果を公表するなどして透明性を確保すべきである。

（井口 寛司）

【参考文献】

OECD編著、平井文三監訳（2014）『官民パートナーシップ──PPP・PFIプロジェクトの成功と財政負担』明石書店

井口寛司（2016）「政策課題への一考察（第6回）自治体のリスク管理と『協議する』条項」『月刊　地方財務』2016年9月号（747号）：pp. 174-180

植田和男・内藤滋編著、六角麻由・増田智彦・木田翔一郎著（2015）『公共施設等運営権』きんざい

宇賀克也（2012）『行政法』有斐閣

碓井光明（2005）『公共契約法精義』信山社

大村敦志（1997）『典型契約と性質決定──契約法研究Ⅱ』有斐閣

笹山隆（2006）『指定管理者制度の実際──東京都における公園・住宅・駐車場への導入事例』公人社

塩野宏（2015）『行政法Ⅰ──行政法総論　第六版』有斐閣

塩野宏（2019）『行政法Ⅱ──行政救済法　第六版』有斐閣

塩野宏（2012）『行政法Ⅲ──行政組織法　第四版』有斐閣

自治省編（1965）『改正地方制度資料　第十五部』

成田頼明監修（2009）『指定管理者制度のすべて──制度詳解と実務の手引　改訂版』第一法規

橋本勇（2015）『自治体財務の実務と理論──違法・不当といわれないために』ぎょうせい

馬場伸一（2018）「指定管理者監査の実務ポイント（1）──指定管理で失敗しないために」『月刊　地方財務』2018年12月号（774号）：pp. 58-76

松本英昭（2017）『新版　逐条　地方自治法　第9次改訂版』学陽書房

森幸二（2017）「イチからわかる　指定管理者制度実務の秘訣（第1回）──指定管理における『2つの立場』と『3つの方法』」『月刊　地方財務』2017年4月号（754号）：pp. 118-128

第 **4** 章

指定管理者選定審査と
プロセスの課題

指定管理者選定審査等の手続は、指定行為が行政処分とされることと、手続は条例で定めるとされていることから、地方自治法234条の直接適用はないと解されてきた。しかし、第3章で検討したように地方公共団体と指定管理者の関係は準委任契約と考えられるものであり、指定行為に関する「点」としての議会コントロールを実質的に機能させるためにも選定審査における手続は重要である。第4章では指定管理者の選定審査とプロセスの課題について整理する。

4.1 指定と入札制度

(1) 指定の手続上の性格と透明性

手続上の性格

指定管理者の指定の手続は、条例により定める（地方自治法244条の2第4項）。指定が、行政処分あるいはその一種であると解されていることから、一般的には地方自治法234条の契約に関する規定の適用はなく、入札の対象にはならないと解されている[1]。そして、条例では、原則として、指定管理者になろうとする法人その他の団体を公募することと定め、管理上緊急に指定管理者を指定しなければならない場合や、その他公募を行わない場合など合理的な理由があるときには公募をしないとしている例が多い。

指定管理者制度は、公の施設の設置目的を効果的に達成するためにあるから、公共サービスの水準確保の要請を果たす最も適切なサービスの提供者を選定しなければならない。地方公共団体における行政サービスの民間化の観点のみならず、それぞれの地方公共団体は条例を定めることで地域における自主的かつ独自性を有する住民サービスの向上を図ることを目的としている。また、指定管理委託の法的性質は、公の施設の管理運営委託

---

1) 成田頼明監修（2009）p. 96、碓井光明（2005）p. 286。

178

であり原則的に準委任である。しかも、指定が行政処分あるいはその一種であるとしても、議会のコントロールとしては、その選定手続で選定された指定管理者候補者を指定する議決をするかしないかにとどまるため、指定に至るまでの指定管理者選定手続（審査プロセス）は指定管理者制度の根幹として重要となる。したがって、指定管理者の選定手続においても、原則的には、一般競争の理念たる「公正性」「経済性」「均等な参加の機会の平等」を確保すべきであると考える[2]。

　ただし、指定管理者に対する指定管理委託には、様々なバリエーションがある。地方公共団体の直営方式に近い形で外郭団体に委託している場合から、民間企業等の自由競争に基づく自主性と独自性が多く発揮されることを想定している場合まで様々である。その意味で、単なる価格競争による入札とは異なって各公の施設に対する当該地方公共団体の政策とその思想が選定手続に反映されることが望ましい。

手続の透明性

　地方分権の考え方が浸透し、地方公共団体の自己決定すべき領域が広がる中で、地方公共団体は住民に対して、行政手続の公正性を確保するとともに適切に情報開示するなどの透明性を向上し、住民に対する説明責任を果たしていかなければならない[3]。説明責任を果たすことで、地方公共団体は、説明される住民等の負担を正当化できることになる。指定管理者制度における審査手続においても、地方公共団体は、「公正性」「経済性」「均等な参加の機会の平等」を確保することを前提としながら、その手続の方法や選定基準などを事前に公表し、選定審査手続の過程、審査結果についても可能な限り説明する透明性確保が求められている。そのため、当該公の施設の管理運営における指定管理者に求める自主事業の範囲や技術的な工夫の程度にしたがって、純粋の随意契約、プロポーザル方式、公募型プロポーザル方式による随意契約（地方自治法施行令167条の2第2項）、総

---

2) 横浜地裁2000年3月29日判決『判例タイムズ』第1101号p. 112は、業務委託について、地方自治法234条の適用を排斥する理由はないとする。
3) 総務省編『地方財政白書・平成18年版』参照。

合評価一般競争入札（同法施行令167条の10の2）などの選定手続が考えられるが、いずれの方法においても、その方式を選択する理由を含め、透明性の確保が図られるべきである。

(2) 事業計画書提出

　地方公共団体は、条例の定めによって、施設の目的、業務の範囲や使用許可の権限授与の有無、施設の維持管理、管理運営業務などの具体的な業務範囲と管理の基準や指定管理費等の基本的な条件を定め、さらに公募条件によって詳細条件を設定し、場合によっては協定案を提示する。民間企業等は、条例の定めあるいは公募条件の範囲内において、自らのノウハウ等をどのように発揮し管理運営を行うのかについて独自提案を行う。

　総務省は、「指定管理者の指定の申請にあたっては、住民サービスを効果的、効率的に提供するため、サービスの提供者を民間企業等から幅広く求めることに意義があり、複数の申請者に事業計画書を提出させることが望ましい」[4] としていることから、コスト削減をはじめとして様々な民間企業等のノウハウ等を活用するために、当該施設の管理運営に関する申請書とともに提出される事業計画書が根幹となる。

　事業計画書は、指定管理者制度導入の目的であるサービスの向上やコスト削減等の視点から、各施設において求められる要求水準と選定基準ごとに記載される。一般的には、指定管理者制度導入の目的や業務に対する知識や経験、当該施設の管理運営業務における実施方針、実施体制、サービスあるいは技術基準、経営基盤の安定性、管理運営のための体制整備、危機管理体制、適正な維持管理に関する能力、対応方針、自主事業、利用者増加のための取組方法などが記載される。

---

4) 総務省自治行政局長（2010.12.28）「指定管理者制度の運用について（通知）」総行経第38号p. 2。

第4章 指定管理者選定審査とプロセスの課題

4.2 審査方式

4.2.1 総論

　公募型プロポーザル方式では、学識経験者や会計の専門家などを委員とする選定委員会を設け、その上で選定公募条件を公表し、公募手続にしたがって申請書及び事業計画書の提出を受ける。そして、選定委員会において、事業計画書を書面審査し、さらにヒアリングを実施した上で、基準の達成度を採点し、提案した複数の申請者に交渉の優先順位を付ける。その後、当該優先交渉権者との間で協定等の詳細を交渉し、仮協定を締結するなどして指定管理者候補者を決定した上で、議会の「指定」議決を経ることになる。この方式は、最終的には随意契約方式となるものの民間企業等による自由競争をもとにして、さらに民間ノウハウの活用という企画性をもった民間企業等を弾力的に選定することができるため、指定管理者の選定手続としては最も適していると考えられる。

　また、一般競争入札方式に近似する選定手続とすることも可能である。地方公共団体における指定管理料などのコスト負担の軽減を主とした目的とする場合で、サービスの品質やコストを数値化しやすい指定管理者選定にあっては、総合評価一般競争入札方式によることができる。ただし、この場合も選定にあたっては、学識経験者等が選定委員会を構成することとなるが、あくまで総合評価の枠内での採点になることから、指定管理者に自主性、独立性を求める場合の採点基準設定には困難が予想される。

　これに対して、当該施設の管理運営のサービス基準において自主性・独自性がほとんどみられないケースでは、複数の申請者から見積書を徴し、最も有利な申請者を選定する競争的見積方式やいわゆる「見積合せ」なども考えられる。しかし、価格以外の要素を審査することが求められている場合にあっては、見積合せは、柔軟性を要する半面、不透明な採点基準となる可能性を孕んでいることから、価格以外の要素に関する判断をどのように透明化していくかが課題として残る。また、政令指定都市を除く地方

181

公共団体では、指定管理者の選定にあたって、選定手続を事前開示していないところも多い。しかし、手続の透明性が要請される昨今においては少なくとも選定手続を事前に開示しておくことが望ましい。その意味で、指定管理者の選定手続において純粋随意契約を採用することは可能であるが、地方公共団体は、純粋随意契約によって指定管理者を求めるべき政策やその理由についての説明責任を果たすべきである。

4.2.2 事業計画等審査手続

(1) 書面審査

指定管理者選任にあたって申請者団体等から提出される申請書類には、申請資格を有していることを証する書類、申請団体の定款又は寄付行為の写し及び登記事項証明書、当該団体の前事業年度等の貸借対照表、収支計算書その他の財務状況を明らかにする書類と、指定期間内の事業計画書及び収支予算書がある。地方公共団体としては、指定管理者の指定管理が3年ないし5年という長い期間となるため、当該施設の管理運営を安定的に行う体制を有していることが前提となる。当該申請団体等の経営体力の審査が書面審査では最も重要なポイントとなる。

選定委員会委員として選定された公認会計士や税理士等の会計の専門家がこの審査を行っているが、これらの専門家による審査もあくまで財務諸表書類を審査しているに過ぎない。地方公共団体が実態を知り得る地元事業者や有価証券報告書等の提出を義務づけられている上場会社などは、提出された書類の信ぴょう性を判断することが比較的容易であるともいえるが、それ以外はこれらの書面だけで経営体力を判断することは非常に難しいという問題を抱えている。近時は、投資や企業取引、合併やM&Aなどの際に対象となる企業の価値やリスクを詳しく把握するために、企業価値の査定や法律に関係する事項を調査するデューデリジェンスが実施されているが、指定管理者の選定手続においても、財務諸表書類に関して、当該申請者団体の監査役、あるいは顧問会計士や顧問税理士など申請団体における責任をもった者に対するヒアリングを実施するなどデューデリジェン

スに近い手続の実施を検討すべきである。

(2) ヒアリング審査

プロポーザル方式や総合評価方式においては、事業計画書、収支予算書の書面審査に続いて、同書面に基づいてヒアリング審査を実施する。このヒアリング審査は、候補者ごとに20分ないし30分の時間を指定し、事業計画書についてのプレゼンテーションを行い、これに対して選定委員が質問して回答を受ける形が一般である。しかし、事業計画書のプレゼンテーション担当者の事前準備の程度や説明技術の巧拙が審査に影響を及ぼすことは明らかである。相当長時間にわたる審査時間を要することにはなるが、百聞は一見に如かずという格言のとおり、ヒアリング審査のみならず、申請者団体等の業務遂行現場を確認する必要がある。指定管理者の選定委員が、申請団体等を訪問し、経営幹部の経営方針を聴き、職員や従業員の仕事ぶりを垣間みるだけでも相当な資料が収集できることになる。

(3) 採点手続

選定委員による選定は、客観的に行われるべきであるが、その採点基準には、地方公共団体の当該公の施設に対する指定管理者選定の意向や政策が大きく反映される。公の施設の管理運営における最重要課題をどう設定するか、コスト削減とするか、利用住民の増進とするか、サービス向上とするか、また当該施設において民間企業等のノウハウをどの点で発揮してもらいたいのかなど地方公共団体の目的と設計が端的に表れるのが採点基準である。

また、採点基準の設定は、民間企業等が指定管理者事業に参入するためのインセンティブ確保にも大きく関わることになる。安定的な運営を期待する場合は実績を重視することになるが、他方で、実績を重視しすぎると、サービス品質向上などの企画力を有する新規の団体等のインセンティブを阻害することになる。

管理運営体制の安定性、危機管理体制の確保程度、コスト削減、サービス品質向上のための企画能力・従業員教育など、地方公共団体が求める民

183

間企業等のノウハウ等を明確にすることが重要である。そして、選定委員には、地方公共団体の当該公の施設に対する思想と政策を正確に共有した上で、事業計画の書面審査、ヒアリング審査並びに採点に臨むことが求められる。

(4) 指名停止、不祥事発生による資格喪失、解除条件の審査機関

　指定管理者の選定手続については条例で定められているが、指定管理継続中に指定管理者が指名停止処分を受けたり、内部体制に関わる不祥事が発生するなどの事態が生じた場合に、指定管理者による管理運営の継続の是非、協定書に基づく対応措置の指示の是非、場合によっては協定の解除あるいは指定取消し処分の当否について判断する手続は定められていないことが多い。指定条件違反あるいは協定に基づく債務不履行があった場合でも、指定管理者による管理運営を継続すべきかどうか、すなわち、当該事実の違法性の程度や当該公の施設の管理運営に与える影響度合いなどを慎重に検討した上で、改善措置の方法の「指示」（地方自治法244条の2第10項）を行うかどうか、あるいは、さらに踏み込んで協定解除、指定取消し（同条第11項）をするかどうかを判断しなければならない。この指示や指定取消しも行政処分としての性質を有する限り、選定手続と同様に、公平性と透明性をもって行うことが求められるというべきである。

　したがって、指定管理者の選定手続において設置された選定委員会には、同時に、指定管理者の指名停止、内部体制に関わる不祥事発生等の事態で事業継続の是非を判断する審査機関としての機能をもたせることが考えられる。指定管理者に対しては、事態の発生と同時に報告することを義務づけた上で、地方公共団体が事情聴取を行い、あるいは、指定管理を実施中の公の施設の実地調査を行うなどして事態を把握した上で、直ちに選定委員会を開催し、指示や指定取消しの是非などの議論を行うべきである。

4.2.3　指定プロセスの問題点と不服申立て（行政不服審査）

　指定は、当該公の施設に関する指定管理者制度の設計に応じて、利用者

に対する使用許可という行政処分権限を中心とした公の施設の管理運営権を授権する行為から、利用者との間で私法上の契約を締結する権限を中心とし公の施設の管理運営権を授権する行為あるいはまた公の施設の事実上の管理運営権を授権する行為までバリエーションがある行為である。いずれのパターンにおいても、指定は、指定管理者としての地位を認める行為であり、地方公共団体と指定管理者候補者との間で、行政処分権限をはじめとした公の施設に関する管理運営に関する包括的な法律関係、すなわち指定管理者としての地位を形成する行為であるから、行政処分と解することができることは前述したとおりである。そして、指定には議会の議決を経ることを要件とすることによって、私法上の契約に民主的コントロールを働かせる意義があるから、このように解したとしても、地方公共団体と指定管理者との間で締結される協定が私法上の契約であると解することと矛盾はないと解される。

　指定管理の候補者の不指定に対して行政不服審査法に基づく不服申立てができるかが問題である。公の施設の管理は、地方公共団体が設置者として行うべきものを指定管理者に「特許」するものであり、選定されなかった者を「指定しない」処分はしていないと考えられるから、一方の指定管理者候補者を指定し、他方の指定管理者候補者を不指定する行為のうち前者は行政処分であると解しても、後者は行政処分とは解されない[5]。

　したがって、不指定に処された候補者は、行政庁に対して、行政不服審査法2条に基づいて審査請求をすることができないと解される。この点、行政不服審査法に基づく審査請求をすることができるかどうかは、条例の建付けとして、指定管理者の指定を受けようとする団体が処分庁に対して行った申請が「申し出システム」に過ぎないものか「申請システム」として申請権を認めたものとなっているかによって決すべきであるとして、前者の不指定は単なる通知であって行政処分とはいえないとする見解がある[6]。しかし、条例の文言が「申し出」「申請」のいずれと定めているかで区別する必然性はなく、行政不服審査法の救済対象かどうかで決すべきこ

5）成田頼明監修（2009）p.112、橋本勇（2015）p.172。
6）森幸二（2017）。

とがらである。

　この点、条例で定める指定プロセスに手続瑕疵があり、当該指定が取り消されることにより、代わりに自らが指定管理者として指定される可能性がある次点者については、「当該処分について不服申立をする法律上の利益がある者、すなわち、当該処分により自己の権利若しくは法律上保護された利益を侵害され又は必然的に侵害されるおそれのある者」[7] として不服申立て権を有すると解される。

4.3 ｜ 協定書締結手続

4.3.1　サウンディング型市場調査、競争的対話の位置づけ

　サウンディングには、a. マーケットサウンディング型（事業案の作成前において、参加事業者を募り〔任意・無償が原則〕、指定の場所に来てもらい、一定の時間の意見交換・対話を行う個別ヒアリング又はワークショップ等）、b. 提案インセンティブ付与型（事業化に対する民間企業等によるアイデア・工夫を含んだ提案を募集し〔事業発案時の官民対話〕、提案採用決定後、提案採用事業者に対して公募に向けた条件整理のためのヒアリングを行い〔公募条件検討時の官民対話〕、事業者選定の評価において、提案採用事業者へのインセンティブ付与を行う）、c. 選抜交渉型（事業リスト又は個別具体の案件を示して、民間企業等のアイデアと工夫を含む提案を募集し、提案内容を審査して優先順位づけを行い、事業内容について競争的対話による協議を行い、協議が調った者と契約する）などの手法が挙げられる[8]。

　そして、認識している施設の課題や課題解決に向けた方向性、指定管理者等の官民連携手法を導入する場合に希望する民間企業等の業務範囲、官

---

7)　最高裁第三小法廷1978年3月14日判決民集第32巻2号p. 211。
8)　内閣府・総務省・国土交通省（2016.10）「PPP事業における官民対話・事業者選定プロセスに関する運用ガイド」による。

186

民連携手法導入時における事業運営会社の構成、収支シミュレーションなどの意見を求めることになる。いずれの方法も民間企業等からの提案や意見を収集することで事業内容や実現性、あるいは諸条件についての整備が行われるが、指定管理の場合は、事業発案段階において事業の構想検討を主な目的としたり事業者選定段階において事業者決定を主な目的とする場合とは異なり、むしろ主に事業者を公募するにあたって公の施設の管理や運営に関する事業手法を検討し、公募要項や協定書案を検討することを目的とすることが多い。

　したがって、参入する民間企業等が事業運営に関して、事業にどのようなサービスイメージをもち、どういうリスクを感じ、どのようなコスト意識をもち、どういう限界をもっているのかを具体的に聴取し、地方公共団体がリスク分配の考え方を整理するための作業過程であると考えられる。これらのサウンディングは、当然ながら、公募の条件や指定管理者との協定案を作成するにあたっては極めて重要な情報源となる。

　ただし、地方公共団体としては、サウンディングの手続きが公平性と透明性を担保するための制度を伴っていないと、算定する事業者の一方に有利又は不利となるよう画策したとの疑念をもたれるリスクがある。このため、地方公共団体が基本的なコンセプトやリスク分配に関する考え方を自ら整理した上で、これらのサウンディングに臨むべきである。基本的なコンセプトや考え方なしにサウンディングを行うとなると、特定の民間企業等に偏向的なサウンディング結果が導かれてしまうリスクが高くなる。そして、入札前のサウンディングは、地方公共団体のオリジナルな考え方を示した上で、適宜そのサウンディング概要の情報を公開するなどして透明性を確保していく必要がある。

4.3.2　入札後における詳細協議と協定書案の修正

　「優先交渉権者の選定後、詳細協議が必要であることは言うまでもなく、a. マーケットサウンディング型及び b. 提案インセンティブ付与型の場合にあっても、事業者選定後、選定事業者の提案内容の確認の中で、一定の

事項については仕様を定めていくための詳細協議が必要となる場合がある」[9]。また、事業運営開始後、新たな事象が発生した際、協定の有効期間が満了する際などには、協定書を見直す必要も生じる。しかし、要求水準等の確認あるいはサウンディングの手続において、十分な現地見分と技術者による確認作業を行ったとしても、優先事業者が決定された以降に、詳細協議を行う過程で協定書案の修正を余儀なくされることもある。

　また、指定管理ではあまり考えにくいが、民間企業等にインセンティブを与える目的から提案内容により優先順位を付け、その後地方公共団体と詳細な協議を行った上で条件が整えば契約を締結するという手続を経る場合は、当初から協定書案の修正が見込まれている。ただ、募集要項とそれに添付された協定書案と詳細協議後の協定書案の比較において、重要な部分に差異が存在する場合は、公募の意義が喪失し、指定の効力に影響を及ぼすものともなり得るため、入札後の協定書案の変更はどこまで可能かが議論されることになる。

　この問題は、民間企業等のインセンティブを確保して柔軟性を高めながら、公平性や透明性をどの程度担保していくかの観点から決せられるべきである。したがって、協定書案で修正される事項が公募条件等において重要性を有しない場合は特段問題ないが、その修正が公募に応じる民間企業等にとって重要なものであると考えられる事項、それが指定管理者の決定における評価基準となっている場合、たとえば、施設の管理運営基準に関するもの、あるいはコスト負担の多寡に影響するものなどは、競争的対話や詳細協議などの手続の中で協定書案が修正される可能性がある条項が予め周知されていたかどうかや第三者機関において透明性のある議論がなされることなど、公募条件の設定が公平性や競争性の観点から許されるものであるかどうかで判断されるべきである。

　なお、指定管理者が指定された後に、選定審査において重要な審査ポイントとなった事業者の提案事項に法的拘束力をもたせるために協定書を修正する場合は、公募における公平性や競争性を高めることになったとして

9）内閣府・総務省・国土交通省（2016.10）「PPP事業における官民対話・事業者選定プロセスに関する運用ガイド」p. 13による。

第4章 | 指定管理者選定審査とプロセスの課題

も、決して弱めることにはならないため、当然許されると解する。

4.3.3　要求水準の確認方法

　公の施設の設置目的や性質、機能等から、当該施設が地方公共団体の事業において果たす役割や政策等を検討し、明確化した上で、①設置目的に基づいて事業実施としてなされる目的業務と指定管理者の自主事業、②使用許可、使用料、料金の収受、個人情報管理など施設の運営に関する業務、③清掃、保安点検など施設又は設備の維持管理に関する業務、④設備・備品等の状況把握、⑤指定管理者に求める基本的な業務水準等の設定を確認した上で、指定管理業務の範囲が定められている。このときに設定される事業や政策、基本的な要求水準は、指定管理予定者の選定基準の設定や、施設の管理運営に関する点検及び評価の基準の設定になるものであり、指定管理の条件であり、協定の根幹となるものである。したがって、指定管理における要求水準は、当該施設において現時点で提供されているサービスの水準等も十分に考慮した上で適切に設定しなければならない。そのため協定書を実効あらしめるためにも、施設を現地確認するなどして、技術的な観点からも要求水準を確認しておくことが重要である。

4.3.4　仮協定

　指定管理者に対する指定には、「あらかじめ、当該普通地方公共団体の議会の議決を経なければならない」（地方自治法244条の2第6項）とされている。したがって、地方公共団体は一般に、選定委員会の審査を経て、指定管理者の候補者として選定した者について、議会における議決を得た上で行政処分としての指定をすることになる。また、指定がなされたあとで協定が締結されることになる。つまり、選定委員会による選定行為は、単なる指定のための準備行為であり、選定によっては指定管理者候補者との法律上の関係が存在せず、指定によって指定管理者になるが、協定書締結までの間は、当該施設の指定管理に関する条例により公法上の関係が成

189

立しているほかは、私法上の法律関係は発生していない。そこで、地方公共団体が指定管理者候補者との間で仮協定を締結することが考えられる。

（1）指定管理者候補者が選定された直後の仮協定

指定管理者候補者が選定された直後の仮協定がある。地方公共団体の手続として議会に議案を提出し、議会承認を得る手続を行っていくこと、そして、議会の議決を得たときに本協定を締結すること、これに対して指定管理者候補者は指定管理開始にあたっての事前準備活動を行うこと等を定めておく。

この場合は、あくまで議会の議決を得たあとに改めて本協定を締結するというものであり、いわば本協定の予約協定である。ただし、この仮協定は、議会の議決を得る以前の段階の仮協定になるので、議会の議決が得られない場合は本協定の締結はできないこと、また議会の承認が得られない事態が発生したとしても指定管理者候補者から地方公共団体に対して損害賠償などの請求権は発生しない旨を明記することが重要である。

議会の承認が得られない事態が地方公共団体の長の責めに帰すべき事由とは必ずしもいえないとしても、指定管理者候補者との関係の比較においては地方公共団体側に発生した事由であることに変わりはないため、危険負担か債務不履行かの議論の余地はある。また、仮協定であっても指定管理者に準備行為を開始させることになる場合には費用負担なども発生してくることから契約締結上の過失の問題として論じられる可能性があり、損害賠償義務の存否が法律上の争点になる可能性は高いといえる。

ただし、これは仮協定があるか否かにかかわらず発生し得る問題であるともいえることから、むしろ仮協定を締結した上で、議会の承認が得られない場合の損害賠償請求権の有無を明確にしておくことは意味がある。さらに、協定書案がすでに完成している場合は、協定書案を添付して、協定書案どおりの本協定を締結する旨を記載することになる。指定管理者候補者の選定あるいは指定管理者の指定後の協定条項の変更が問題となり得るが、仮協定書締結の時点で協定書案が添付されていることにより公正な協定締結が可能になる。

(2) 協定書の締結と特約

　協定書案の詳細が定まっている場合に、協定書を締結し、その特約として、議会の議決が得られなかった場合には効力を失うとする解除条件付特約や議会の議決が得られた場合に効力を発生させるとする停止条件付特約を付することも考えられる。しかし、議会の議決は、指定管理者の指定にとどまるものであるとはいえ（地方自治法244条の2第6項）、当該指定管理者候補者を指定するかどうかという議決であるから、選定した指定管理候補者を固定した協定書の締結は、たとえ付款条項において条件付きである旨が明記されていたとしても法の趣旨に反することになると解される[10]。とくに解除条件付協定は、停止条件付協定に比べて議会軽視であるとの批判を免れない。

（井口　寛司）

【参考文献】

確井光明（2005）『公共契約法精義』信山社

笹山隆（2006）『指定管理者制度の実際──東京都における公園・住宅・駐車場への導入事例』公人社

自治体契約研究会編著（2013）『詳解　地方公共団体の契約　改訂版』ぎょうせい

成田頼明監修（2009）『指定管理者制度のすべて──制度詳解と実務の手引　改訂版』第一法規

橋本勇（2015）『自治体財務の実務と理論──違法・不当といわれないために』ぎょうせい

松本英昭（2017）『新版　逐条　地方自治法　第9次改訂版』学陽書房

森幸二（2017）「イチからわかる　指定管理者制度実務の秘訣（第6回）──指定管理者の指定手続」『月刊　地方財務』2017年9月号（759号）：pp. 124-137

10）自治体契約研究会編著（2013）p. 243。

第5章

内部統制と指定管理者制度

民間企業の内部統制制度の導入後、地方公共団体においても公金を扱う主体として事務を適切に実施し住民の福祉増進を基本とした組織目的が達成されるべく、長自らが事務上のリスク評価・コントロールにより内部統制体制を整備・運用することが求められている。基本となる財務事務執行リスクに加え、昨今の官民連携の著しい増加は地方公共団体と異なる意思決定主体が介在する連携不全によるリスクを引き起こす。このため、地方公共団体の内部統制に外部の官民連携主体をどう位置づけるかが財務執行リスクの対応とともに極めて重要となる。

　一方、官民連携手法のうち、指定管理者制度は規律密度の低い中で民間事業者の自由度を担保しながら民間事業者の創意工夫を施設サービスの価値向上につなげる趣旨が基本となる。このため、地方公共団体本体ベースの内部統制と同様、民間事業者を過度な内部統制下に置くことは制度趣旨に反するといえるため、既存の指定管理者監査等の対象範囲や頻度を踏まえつつ新たな内部統制で対象とすべき範囲や頻度等を考慮しながら、民間事業者のインセンティブを設計し、よりよい公共施設運営につなげる工夫が不可欠となる。実際に民間事業者側の内部統制を考慮するのはあくまで指定管理者制度実施時、評価・監査時であり、その議論の中心は「合規性」（法令に従っているか）の観点である。むしろ内部統制と指定管理者制度の関係としては、施設担当部門による指定管理者制度の検討から予算申請・承認、調達・指定・協定締結、実施、評価・監査といった指定管理者制度のPDCAサイクルをどのように形成するかという点が最大の課題といえる。

第5章 内部統制と指定管理者制度

5.1 地方公共団体内部統制の重視

5.1.1 会社法・金融証券取引法改正の流れと地方公共団体内部統制の意義

(1) 会社法改正・金融商品取引法改正の概略的な流れ

　内部統制とは「業務を適切かつ効率的に行うルールを作り、それを守る仕組み」のことを指す。この定義に基づけば、民間企業・地方公共団体を問わず内部統制「的」な仕組みは様々な形で導入されている。

　とくに内部統制に注目が集まったのは米国で2001年に発生したエンロン社の経営破綻が契機とされる。エンロン社では損失の隠蔽や循環取引等の手法により粉飾決算を行い、利益を水増しし、その処理の問題点や情報開示の不徹底が市場の信頼を失うことになった。これをきっかけにエンロン社は経営破綻に陥った。

　この事件を契機に市場の信頼性を確保すべく米国では2002年に企業改革法（通称SOX法）が制定され、会計上の改革・監査上の改革・コーポレートガバナンスの改革が求められた。具体的には年次・四半期報告書に対する経営者の宣誓書提出や内部統制の有効性評価報告書の提出と監査の義務づけ、罰則の強化などが実施された。

　我が国でも同時期に企業の内部統制に関する事件が大和銀行・神戸製鋼所・西武鉄道等で発生し、2006年の会社法施行により大企業（資本金5億円以上又は事業年度末に係る貸借対照表上の負債200億円以上の株式会社）における法令への適合や業務の適正を確保する体制の整備の決定の義務づけがまず実施された。その後、2007年の改正金融商品取引法24条の4の4及び193条の2第2項の施行により、2008年4月1日以降に開始する事業年度から上場企業に対して内部統制報告制度の導入が図られた。

　会社法では業務の適正性を確保することを目的に内部統制が位置づけられており、金融商品取引法では財務報告の信頼性を確保することを目的に内部統制が位置づけられており、それぞれ異なる観点から内部統制を位置づけている。

195

(2) 地方自治法一部改正の流れと地方公共団体内部統制の意義
地方自治法一部改正の概略的な流れ

　地方公共団体の内部統制制度も上記で概略的な流れを示した会社法・金融商品取引法改正の影響を受けて議論がはじめられている。

　2016年3月に第31次地方制度調査会により提言された「人口減少社会に的確に対応する地方行政体制及びガバナンスのあり方に関する答申」（第31次答申）では、「公金を扱う主体である地方公共団体においても、地方公共団体における事務が適切に実施され、住民の福祉の増進を図ることを基本とする組織目的が達成されるよう、事務を執行する主体である長自らが、行政サービスの提供等の事務上のリスクを評価及びコントロールし、事務の適正な執行を確保する体制（以下「内部統制体制」という。）を整備及び運用することが求められる」とされている。

　すなわち、公金を扱う主体として事務を適切に実施し住民の福祉増進を基本とした組織目的が達成されるべく、長自らが事務上のリスク評価・コントロールにより内部統制体制を整備・運用することがここに示された。この提言に基づき、2020年4月施行の地方自治法改正により都道府県・政令指定都市を対象とした内部統制制度が導入されることになった（その他市区町村は努力義務）。

地方公共団体内部統制の意義

　以上で示したように地方公共団体の内部統制の目的は「住民の福祉増進を基本とした組織目的が達成」されることであり、そのリスクの範囲は住民の福祉増進を基本とした組織目的が達成されないリスクとなるため幅広い。これに対して、民間企業の内部統制の目的は「出資者である投資家に投資の期待に応える利益の分配を行う」ことであり、そのリスクの範囲は投資の期待に応える利益分配を行うことができないリスクとなる。

　一方、すでに民間企業の内部統制においてもいわゆる「コンプラ地獄」といわれる内部統制上のリスクを過度に見積り、業務の効率性を著しく低下させる内部統制制度の導入も問題となっている。地方公共団体の内部統制の制度化にあたっては、いわゆる内部統制の取組みを段階的に発展させ

る趣旨から、「財務事務執行リスク」が最低限評価すべき重要なリスクとして位置づけられた。「財務事務執行リスク」とは、①財務に関する事務の執行における法令等違反（違法又は不当）のリスク、②決算の信頼性を阻害するリスク、③財産の保全を阻害するリスクの3つである。

その上で内部統制の発展段階に応じて、財務事務執行リスクに限らず、ガバナンス・人事・倫理・環境・公共施設など様々なリスクの洗い出しと評価、対応策の検討を図ることが求められる。地方公共団体においては、人口減少・少子高齢化に伴い厳しい財政的・人的制約を乗り越え住民の福祉増進を基本とした組織目的を達成するための内部統制制度であり、過剰な統制環境を整えることが趣旨ではない。このため、既存の財務規定の見直しや既存の監査制度等の仕組みの最適化など「比例性原則」（重要性の高いリスクを特定しそのリスクに中心的に対応し、重要性の低いリスクは限定的に対応すること）を前提として内部統制制度の設計を行うことが望ましい。

具体的に都道府県及び指定都市の長（その他の長は努力義務）は内部統制に関する方針を策定し、内部統制体制の整備、内部統制評価報告書の作成等を実施する（内部統制体制の評価・監査委員の審査受審・報告書の毎会計年度議会提出）。監査委員は長が作成する内部統制評価報告書を審査するとともに内部統制に係る監査基準に則った監査等を実施することが義務づけられている。

5.1.2　参加の多様化(情報公開請求・住民訴訟、官民連携)と内部統制の関係

（1）情報公開請求と住民訴訟の増加と内部統制

内部統制が求められる異なる背景として、住民からの情報公開請求や住民訴訟の増加、官民連携の増加が挙げられる。住民からの情報公開請求や住民訴訟の増加という観点から、地方公共団体は税負担主体である住民の福祉を増進する主体であり、これまでは地方公共団体への「信頼」によって執行部の意思決定や事務処理の過程の可視化を行う必要性も限定的であった。しかし、度重なる事務処理のミスや個人情報漏えい等の事例によ

197

り地方公共団体への「信頼」は低下し、情報公開請求や住民訴訟を通じて、執行部の意思決定や事務処理レベルの過程の可視化を求められるようになった。

執行部の意思決定や事務処理過程を明らかにすることは、税負担主体である委託者（住民）から受託者（地方公共団体執行部）としての「善良な管理者の注意義務」（善管注意義務）を果たしているかが問われることになる。善管注意義務では債務者の属する職業や社会的・経済的地位において取引上で抽象的な平均人として一般的に要求される注意義務を負う。当然ながら地方議会も地方公共団体の意思決定主体のひとつとしてこの善管注意義務を問うことになる。これらの様々な主体に対して善管注意義務を果たしていることを地方公共団体が可視化するためにも内部統制制度の充実が求められている。なお、当然ながら議決した案件は地方議会として十分な議論の上で議決したかという「議決責任」も問われることになる。

(2) 官民連携の著しい増加と内部統制

昨今の民間委託・指定管理者制度・PFI・コンセッション等の官民連携の著しい増加という観点から、地方公共団体は外部の民間事業者と指定管理者制度を含む様々な受委託関係をもちながら住民の福祉増進を基本とした組織目的を達成する主体となる。一方、官民連携の受託者は外部の民間事業者となるため、地方公共団体と異なる意思決定主体が介在する。官民連携の著しい増加を背景とした地方公共団体における内部統制を考えるときに、外部の官民連携主体をどう位置づけるか、すなわち官民の連携不全によるリスクへの対応が財務執行リスクの対応とともに極めて重要となる。

現実的に様々な民間事業者との連携によって公共サービスが生成されており、地方公共団体の内部統制を想定する際に「官民連携による公共サービスであるから内部統制の除外対象」とはなり得ない。この理由は、官民連携によって民間事業者に完全に公共サービスの提供責任が移行することはないためである。官民連携といえども公共サービスの提供責任が発生する以上、地方公共団体の内部統制議論の範疇となる。むしろ外部の民間事業者との連携であるからこそ、地方公共団体の内部統制としての難易度は

第5章 | 内部統制と指定管理者制度

飛躍的に高まる。

　実際に、2009年3月に答申が出された地方公共団体における内部統制の
あり方に関する研究会「内部統制による地方公共団体の組織マネジメント
改革——信頼される地方公共団体を目指して」でも、「業務の外部化の場
合も内部統制の対象」の項目が位置づけられている。この中では、

> 　地方公共団体の現場では、業務の民間委託、指定管理者、市場化テ
> ストなど業務の外部化が進んでいるが、委託者としての責任が残るも
> のであり、受託者に対するモニタリング等を通じて、委託業務に係る
> リスクを管理する取組が求められている。特に、現場が遠くなること
> によって、業務に潜むリスクに気づきにくくなることや、委託業者と
> の責任の分担があいまいになりやすく、重大なミスが見逃される可能
> 性があることに留意すべきである[1]。

と官民連携と内部統制の関係が整理されている。

　地方公共団体が直接執行しない分、現場がより遠くなり業務に潜むリス
クに気づきにくくなることや責任分担の曖昧さにより、重大なミスが見逃
されるリスクがあると指摘されている。

　また2018年3月に行われた「地方公共団体における内部統制・監査に関
する研究会」第5回内部統制部会でも議論が行われている[2]。官民連携した
からといって、責任は委託者の地方公共団体にあるため、民間の内部統制
報告のように受託者から評価報告等を入手するなど評価対象とすべきこと、
受託者を外からみる程度では不足していることや地方公共団体の民間事業
者のコントロール責任、官民連携の品質管理が重要と指摘されている。

　このような観点からいえば、官民連携と内部統制を架橋する要素は指定
管理者制度の委託者たる施設担当部門を中心としたPDCAサイクル全体

---

1) 地方公共団体における内部統制のあり方に関する研究会（2009.3）「内部統制による地方公共団
　体の組織マネジメント改革——信頼される地方公共団体を目指して」p. 77（http://www.
　soumu.go.jp/main_content/000514132.pdf）。
2) 地方公共団体における内部統制・監査に関する研究会（内部統制部会）（2018.3）「第5回議事概
　要」（http://www.soumu.go.jp/main_content/000555620.pdf）。

199

を包括した仕組みづくりであり、いかに地方公共団体と民間事業者間に情報の流通経路と処理体制を作り上げ連携不全によるリスクのコントロールを行うかという課題が横たわる。

この研究会での議論をもとに総務省は2019年3月に「地方公共団体における内部統制制度の導入・実施ガイドライン」を示している。このガイドラインでは、「内部統制に関係を有する者の役割」の「職員」という項目で、

内部統制は職員の日常の業務執行の中で行われるものであり、各部局における職員の役割と責任は重要である。内部統制の整備の一環として策定された規則・規程・マニュアル等を遵守し、適正な業務執行に努めることが必要である。

なお、正規の職員のほか、組織において一定の役割を担って業務を遂行する臨時・非常勤職員、職員に代わって業務を遂行する外部委託先等も、同様の役割を担うこととなる。特に、委託業務に係る内部統制についての責任は委託者にあり、委託者が適切に外部委託先を管理する必要がある[3]。

としている。

すなわち、指定管理者制度を含む委託業務に係る内部統制責任は委託者にあり、委託者が適切に受託者を管理することを求めている。また同ガイドラインでは、「内部統制の評価」の「評価範囲」という項目で、

評価範囲としては、長の担任する事務のうち、財務に関する事務及びその他長が認める事務として内部統制に関する方針に定められた内部統制対象事務が対象となる。なお、委託業務に係る内部統制についての責任は委託者にあり、内部統制対象事務に含まれる委託業務に係る内部統制については、委託に伴うリスクの程度に応じて、委託者が適切に外部委託先を管理するとともに、整備状況及び運用状況の評価

---

3) 総務省（2019.3）「地方公共団体における内部統制制度の導入・実施ガイドライン」pp. 11-12
（http://www.soumu.go.jp/main_content/000612923.pdf）。

第5章 | 内部統制と指定管理者制度

> を実施する。内部統制対象事務以外の事務に係る内部統制については、評価の範囲に含まれない[4]。

としている。

内部統制評価においても、委託に伴うリスク程度に応じて委託者が受託者を管理し、内部統制の整備状況及び運用状況の評価を行うことを求めているため、著しく増加した官民連携における内部統制は比例性原則を適用したとしても重要な位置づけを占める。

5.2 | 内部統制と指定管理者制度との関係

5.2.1 内部統制と指定管理者制度のPDCAサイクルに関する課題

（1）内部統制の対象範囲とコンプライアンス・リスクマネジメントとの関係

内部統制の対象は地方公共団体存立の基礎となる「合規性」（法令に従っているか）の視点を中心としたコンプライアンス（レベル1）と様々な外部環境・内部環境等の変動に対応するためのリスクの発生頻度と影響度を評価し対応策を定めるリスクマネジメント（レベル2）に分けることができる。なお、「合規性」といった場合に「依法主義」（法令の条文に形式的かつ過度に依拠すること）を想起させるがそうではなく、実際に必要なのは「政策法務」（法律や条例などを課題解決の手段と捉え、必要となる法律・条例運用を評価・実行すること）の視点である。

リスクマネジメントでは、レベル1の「合規性」に加え、「経済性」（不必要な経費をかけていないか）・「効率性」（より成果の出る方法はないか）・「有効性」（目的達成のために有効な方法はないか）を中心とした観点が重要となる。

現在の指定管理者制度を取り巻く内部統制という観点からは、少なくな

---

4) 前掲ガイドラインpp. 19-20。

201

い事例が図表5-1左側のような内部統制不在の状態に陥っている。

　レベル1のコンプライアンスは過大・過小な統制が混然一体となっており、消費税増税における転嫁条項や回数上限なしの少額補修条項などは地方公共団体からの過大な統制例として挙げられる。また地方公共団体からの過小な統制例では、業務実施報告が義務づけられているにもかかわらず、施設担当部門に指定管理者から実施報告されなくても放置し続ける運用などが挙げられる。これではいくら指定管理者の自由度を担保することが重要だとしても、必要なモニタリング情報が得られず軌道修正は困難となる。いずれ民間事業者による手抜き対応や水増し請求などの問題が発生し得る。

　このような事態が発生する背景には、そもそも請負型の委託でも同様であるが、官民を上下関係として捉えた公共調達の基本的スタンスがある。とくに指定管理者制度が導入される前の管理委託制度のときには委託先が公共団体（地方公共団体・公共組合・営造物法人）又は公共的団体（農業協同組合・商工会議所・赤十字社・青年団・婦人会・学校法人・町内会・自治会等）・出資法人に限定されていたため、人的・資本的にも関係性が深く、いわば「身内であり親子」の感覚で委託が行われていた。本来あってはならないことであるが、委託者と受託者という関係ではなく暗黙の了解の中でそれぞれが自由裁量を確保するため、レベル2のリスクマネジメントにも関係するようなリスク分担の考え方は限定的であったといえよう。

　指定管理者制度の導入趣旨は本質的に管理委託制度時代の関係性を見直し、規律密度の低い中で民間事業者の自由度を担保しながら民間事業者の創意工夫を施設サービスの価値向上につなげることが基本となる。このような意識がないまま、管理委託制度時代の関係性を引きずって前任者から引継ぎを受け、指定管理者制度導入当初から再検討しないままの条項を継続する。そして問題が発生すると一時的に取り繕いながら民間事業者側にリスクを押しつける条項を追記し指定管理者制度を運用していると、過大・過小な統制の混然一体状態が継続することになる。

　これらの過大・過小な統制の混然一体状態をひとつひとつ丁寧に解きほぐし過大な統制は統制レベルを下げ、過小な統制は統制レベルを上げる取組みを行う必要がある。

図表5-1 指定管理者制度における内部統制の不在（現在）と最適化イメージ（将来）

　レベル2のリスクマネジメントでは、そもそも様々な外部環境・内部環境等の変動に対応するためのリスクの発生頻度と影響度を評価し対応策を定める取組みを指定管理者制度で実現している例は限定的である。具体的にリスクマネジメントといっても、リスク分担表を地方公共団体と民間事業者との星取表形式で整理することはあれど、その対応策は「協議」に委ねられていることがほとんどである。「協議」といっても、そもそも「何が起こったら必ず協議に入るか」という「協議発動条件」が明確化していないため、どのような場合に必ず協議に入るかもわからず、双方の合意が得られない限り協議にも入れない状況となっている。

　当然、様々な外部環境・内部環境の変化により経済性・効率性・有効性確保に向けた施設管理方法論も技術的なレベルでは弾力的に変更することが求められるし、何よりその弾力的な変更可能性こそが指定管理者制度を受託する民間事業者の自由度を担保する最大の理由である。

　これらの過大・過小な統制の混然一体となったコンプライアンスと、空洞化したリスクマネジメントによる「指定管理者制度における内部統制の不在」を図表5-1の右側の適切な統制によるコンプライアンスの確保と成果志向によるリスクマネジメントによる「内部統制と指定管理者制度の最適化」に展開する必要がある。

(2) 内部統制と指定管理者制度のPDCAサイクルの課題

　具体的に、地方公共団体側からみた指定管理者制度のPDCAサイクルを想定すると検討、予算申請・承認、調達・指定・協定締結、実施、評価・監査のプロセスがある（以下図表5-2参照）。それぞれの指定管理者制度のPDCAサイクルにおける内部統制上の問題（例）・課題は以下のとおりである。

検討時

　検討時の問題（例）としては、指定管理者制度の導入・見直しについて施設担当部門内のみで検討しており指定管理者制度所管の行政管理部門への相談もなく、たとえ相談しても具体的に施設担当部門が迷った際に相談できる民間事業者や参考事例がわからず、民間事業者に対するサウンディング（意見交換）の方法もわからないことなどがある。この場合、前任者からの引継ぎのまま対応し協定記載外事項はすべて協議事項とする方法や問題が発生した場合には民間事業者に過度な負担を課す条項を設けるなどの対応を取ることがある。このため、課題として庁内他部門との検討方法や民間事業者や事例の調査方法、適切なサウンディング方法を考慮する必要がある。

予算申請・承認時

　予算申請・承認時の問題（例）としては、まずは予算申請のための参考見積りを徴収するために仕様書概要を整理する必要があるが、それをどの程度書けばよいかわからないことや何社に参考見積りを依頼すればよいかわからないこと、見積りの確認・検証ポイントがわからないことなどがある。このため、課題として参考見積りに必要な仕様書概要の作成方法、参考見積り徴収方法、参考見積り妥当性の判断方法を考慮する必要がある。参考見積りは積算根拠の明確化のために必要であり、可能な限り細かく分解できることがその後の活用可能性を高める。各業務単位の単価と工数などがわかれば、どの業務を外すとどうなるか、将来的な単価上昇率を見込んで単価を変えるとどうなるかというシミュレーションが可能となる。

第5章 内部統制と指定管理者制度

図表 5-2 内部統制と指定管理者制度の PDCA サイクルに関する課題

検討	予算申請・承認	調達・指定・協定締結	実施	評価・監査
・庁内他部門との検討方法 ・事業者や事例の調査方法 ・適切なサウンディング方法	・参考見積りに必要な仕様書概要の作成方法 ・参考見積りの徴収方法 ・参考見積り妥当性の判断方法	・適切な調達種類・調達様式の整理方法 ・指定・協定条項の整理方法	・適切な実施時モニタリング方法と見直し改善方法 ・日常の内部統制方法（裁量権限定）	・適切な最終評価方法と見直し改善・次回調達への反映方法 ・監査による内部統制方法

コンプライアンスの確保

調達・指定・協定締結時

　調達・指定・協定締結時の問題（例）としては、調達時の応募要領・仕様書に盛り込むべき内容がわからないことや指定・協定条項に盛り込むべき内容がわからないことなどがある。たとえば調達方式においても協定本体部分の改定が一定程度見込まれるのであれば、公募型プロポーザル方式での調達を行った上で、指定管理者候補者と施設所管部門との協議を経て協定内容を整理することになる。このため「協定」という「契約」の内容が変わるため、公募型プロポーザル方式の結果に基づく弾力的な変更を制度として企図している随意契約でなければ対応困難となる。しかしながら実際には協定本体部分の改定が一定程度見込まれるにもかかわらず、公募型プロポーザル方式ではなく契約内容の変更が困難な総合評価一般競争入札方式で調達を行っている場合もみられる。そもそも調達種類も比較検討の上で選択できていないという問題もみられる。

　指定管理者制度が規律密度の低い中で民間事業者の自由度を担保しながら民間事業者の創意工夫を施設サービスの価値向上につなげる趣旨が基本となる以上、指定という行政処分条項に過度に多くを書き込むことは本来趣旨と異なる対応となる。このため、課題として適切な調達種類・調達様式・指定・協定条項の整理方法を考慮する必要がある。

実施時

　実施時の問題（例）としては、実施中のモニタリング方法とモニタリング結果から実際の業務見直し・改善への接続が未確立であり、課題として適切な実施時モニタリング方法と見直し改善の方法、日常の内部統制方法として地方公共団体職員の裁量権の限定化を考慮する必要がある。とくに実施時モニタリングの方法は、地方自治法上の内部統制が法定される以前から、各地方公共団体では監査委員等からの指摘事項として議論されてきた。具体的には、施設担当部門はさることながら、指定管理者制度担当部門である行政管理部門によるチェック体制整備の重要性や施設担当部門のモニタリング・評価に向けた具体的なマニュアル整備の必要性が求められている例がある[5]。

　また、指定管理者における内部統制の不備事項としては再委託に関する未承諾や会計処理のずさんさ、他業務との区分経理の不徹底などの例がある。その上で全体的な課題として、指定管理者に対する指導・検査の全庁的ルールがないために施設担当部門のモニタリング・評価の実施方法や水準に差が生じていることや外部評価も運営・点検が中心で内部統制的な観点が不足していること、指導・検査の対象範囲の程度・水準などの例がある[6]。これらの課題は各事例に限った話ではなく、各地方公共団体の内部統制と指定管理者制度を考える上でも本質的で残存する課題であるといえる。

評価・監査時

　評価・監査時の問題（例）としては、実施後の評価方法と評価結果から次期年度・調達の見直し・改善への接続が未確立であり、課題として適切な最終評価方法と見直し改善・次回調達への反映方法、監査による内部統制方法を考慮する必要がある。

5）上田市監査委員（2018.2.5）「平成29年度財政援助団体等監査結果」p. 2（https://www.city. ueda.nagano.jp/kansa/shise/kansa/documents/29zaiseienjyo.pdf）。

6）大阪府監査委員（2013.11）「平成25年度　内部統制に関する検証結果について（中間報告）」pp. 13-14（http://www.pref.osaka.lg.jp/attach/263/00137851/02-2_naibutousei.pdf）。

指定管理者制度に係る監査として財政援助団体等監査の枠内で指定管理者監査が行われる（地方自治法199条第7項）。指定管理者に対しては、公の施設の管理運営は目的に沿って適切に行われているか（有効性）、管理業務に係る会計経理等は適正に行われているか（合規性）などの観点から、施設担当部門に対しては、指定管理者に対する指導・監督は適切に行われているかという観点から監査が行われる。

このとき指定管理者に対して無制限に監査範囲を拡大することはできない。あくまで財政援助団体等監査の枠内で指定管理者監査が位置づけられており、財政援助団体等監査の中でも地方公共団体と異なる意思決定主体である民間事業者を対象とする監査であるためである。あくまで公金の適切な支出という目的を達成するための監査であり、各民間事業者は何らかの自己監査の仕組みがあると想定されるため、その自己監査の実施状況にも配慮すべきである。

具体的な指定管理者監査の範囲は、施設管理業務の運営状況や利用状況、サービス提供状況、指定管理業務契約・会計経理・収入事務の状況などあくまで指定管理者の施設管理業務に限定された内容となり、民間事業者のその他業務の情報との混在を抑止するため、区分経理・区分処理が極めて重要となる。

区分経理・区分処理を行った上で監査部門がたとえば指定管理料を精査するとしても「第3章　指定管理者制度の法的検討」で指摘されているように委任・準委任契約に基づく指定管理料は管理業務の役務に対する報酬として位置づけられる。このため報酬に対する監査はより制約的でなければならず、本社経費等間接経費を除く直接経費、とりわけ精算対象経費を中心とした内容に限定化するのが適当である。

なお、全般的に監査部門の人的資源の制約等の理由によりコンプライアンス（合規性）の観点に偏った監査が多くの地方公共団体の基本であり、リスクマネジメントとして経済性・効率性・有効性も含めた観点の監査は監査部門の体制が充実しておりかつ監査の本来価値を見定めた一部の地方公共団体に限られる。内部統制の視点を加えたときに指定管理者監査のあり方は変化するのか否かも含めてどのように位置づけられるかが課題とな

る。

地方公共団体の内部統制と指定管理者

　これらのプロセス全体を通じて官民のコンプライアンス確保が重要であることはいうまでもないが、地方公共団体側が裁量権を確保するため、実態上、法令上、疑義を生じる運用を行っている場合も数多くみられる（先にみた消費税増税における転嫁条項や回数上限なしの少額補修条項など）。このため、民間事業者のコンプライアンス確保のための実施時モニタリング・評価・監査とともに改めて内部統制として基底となる地方公共団体自身のコンプライアンス確保（レベル1）とリスクマネジメント（レベル2）の重要性を強調しておきたい。

　コンプライアンスとリスクマネジメントが重要である一方、官民連携手法のうち、指定管理者制度は規律密度の低い中で民間事業者の自由度を担保しながら民間事業者の創意工夫を施設サービスの価値向上につなげる趣旨が基本となる。このため、地方公共団体本体ベースの内部統制と同様、民間事業者を過度な内部統制下に置くことは制度趣旨に反するといえるため、既存の指定管理者監査等の対象範囲や頻度を踏まえつつ新たな内部統制で対象とすべき範囲や頻度等を考慮しながら、民間事業者のインセンティブを設計し、よりよい公共施設運営につなげる工夫が不可欠となる。

　民間事業者側も含めた内部統制を意識するのは実施時モニタリングと評価・監査時のみである。たとえば、先にみたとおり指定管理者に対する監査はあくまで指定管理業務に範囲を絞ってかつ民間事業者が相手となるため限定的に行われなければならない。その他のプロセスはあくまで地方公共団体内の内部統制として位置づけられる。

　すなわち、内部統制と指定管理者制度の関係としては、施設担当部門による検討から予算申請・承認、調達・指定・協定締結、実施、評価・監査といった指定管理者制度のPDCAサイクルをどのように形成するかという点が最大の課題といえる。

第5章　内部統制と指定管理者制度

5.2.2　コンプライアンス・リスクマネジメントと指定管理者制度の観点

(1)　指定管理者制度の内部統制の観点と主たる対象組織

　先にみたように、指定管理者制度における内部統制の対象となる観点は地方公共団体存立の基礎となる合規性の視点を中心としたコンプライアンス（レベル1）と様々な外部環境・内部環境等の変動に対応するためのリスクの発生頻度と影響度を評価し対応策を定めるリスクマネジメント（レベル2）に分けることができる。リスクマネジメントでは、レベル1の合規性に加え、経済性・効率性・有効性を中心とした観点が重要となる。また、指定管理者制度の内部統制の主たる対象組織は地方公共団体側の施設担当部門と指定管理者を受託する民間事業者に分けられる。先にもみたように指定管理者制度全体のPDCAサイクルの中で施設担当部門は検討時、予算申請・承認時、調達・指定・協定締結時、実施時、評価・監査時のすべてのプロセスで内部統制の観点が求められる。

　一方、民間事業者はあくまで実施時のモニタリングや評価・監査を通じた内部統制の確保が求められる。とくに民間事業者に対して過度な内部統制をかけることが指定管理者制度の本来趣旨からしても適切でないことはこれまでみてきたとおりである。たとえば、指定管理者に対する監査はあくまで指定管理者の施設管理業務に限定された内容となり、民間事業者のその他業務の情報との混在を抑止するため、区分経理・区分処理が極めて重要となる。

　民間事業者に対する限定性をもった内部統制とするために、監査等で担保するのはコンプライアンスの観点が中心であり、リスクマネジメント（経済性・効率性・有効性）の観点は指定管理者からの「内部統制自己評価報告書」等の提出による自主モニタリングに対する評価が基本である。常に民間事業者であることを念頭に指定管理者に過度な統制を行わないように留意する必要がある。

(2)　施設担当部門向けの内部統制の観点

　まず施設担当部門向けの内部統制の観点を整理すると図表5-3のとおり

209

図表 5-3　施設担当部門向けの内部統制の観点

	内部統制の観点	観点の意図
検討時、予算申請・承認時、調達・指定・協定締結時	地方公共団体の施設本来の目的を踏まえた指定管理者制度運用の要否【リ】	その他の官民連携手法との比較検証を踏まえた最適な官民連携手法選択
	指定管理者制度所管部門（例：行政管理部門）との事前調整・協議の有無・程度【リ】	指定管理者制度所管部門の事前マネジメントによる指定管理者経費適正化と品質向上
	（必要に応じて）民間事業者に対するサウンディングや類似施設を抱える地方公共団体への情報提供依頼の有無・程度【リ】	民間事業者のインセンティブや懸念点を把握、よりよい案件組成
	（予算申請・承認時）複数民間事業者へのサウンディングや類似施設情報を踏まえた管理項目の想定、参考見積り徴収等に基づく指定管理料の算定妥当性の有無・程度【リ】	経費の適正化による品質と歳出のバランス確保（予算確保時想定）
	指定管理者の指定手続・管理基準・業務範囲その他必要最低限の条例条項有無（利用料金制含）【コ】	条例規定事項の明確化・限定化と運用の適正化によるコンプライアンス確保
	（利用料金制の場合）利用料設定の合理性確保・承認手続の有無【コ】	過大・過小な料金設定の抑止
	指定管理者管理の施設名称・団体名・管理期間等の議会議決（指定）の有無【コ】	条例規定事項の明確化・限定化・議会議論・議決責任の明確化
	民間事業者の自由裁量を確保し経営力を発揮するインセンティブ方策の有無・程度【リ】	指定管理者の経営力の最大発揮によるよりよい施設運営の実現
	過不足ない条項（管理施設・業務内容・経費負担区分・リスク分担等）を有する協定の締結有無と条例・仕様書との整合性有無【コ・リ】	管理運営の基本となる協定締結による予定実績管理の計画形成（指定管理条件の基本を示す仕様書も踏まえた過不足のない状態）
	リスク分担表における具体性有無・程度（協議事項の最小化と協議発動条件の明示）【リ】	星取表によるリスク分担表ではなく具体的な行動レベル明確化と協議に入る条件明確化
	予算確保時と比較した民間事業者提案に基づく指定管理料の経済性確保有無・程度【リ】	指定管理者としてのリスク範囲を超えた経費反映と必要経費の明確化、財政効果
実施時	管理料の支出方法・時期・手続（支出命令有無）の適正性有無【コ】	支出命令・支払遅延防止等によるコンプライアンス確保
	指定管理者に対する適切なタイミングでの適切な報告・点検（モニタリング）・指導の実施有無・程度【リ】	モニタリングのための基礎情報確保と点検から適切な目的達成に向けた軌道修正
評価・監査時	「指定管理者制度検討・運用マニュアル」等指定管理者制度に係るガイドラインを踏まえた検討・運用の実施有無【コ・リ】	内部統制的観点から施設担当部門職員の裁量権限定化によるリスク低減
	過不足ない（予定頻度・程度）指定管理者の業務遂行状況・成果（利用者数・属性・満足度・懸念事項等）の把握有無と次期調達に向けた条件検討の有無【リ】	モニタリング・評価のための基礎情報確保と適切な目的達成に向けた軌道修正と次期調達反映
	指定管理者による「内部統制自己評価報告書」を踏まえた監査の実施有無・監査内容の限定化（直接経費：特に精算対象経費）と条件を明確化した監査範囲の設定有無【コ】	異なる意思決定主体である民間事業者に対する監査の限定化と疑義が発生した場合の監査範囲の拡大によるコンプライアンス確保

（注）【コ】：コンプライアンス、【リ】：リスクマネジメント

となる。観点ごとに①コンプライアンスとリスクマネジメントの観点のどちらが強い目的をもつかを整理し、また②それぞれの観点の意図・狙いを整理している。さらに③指定管理者制度のPDCAサイクルのどのタイミングで実施される事象に対する観点なのか等を整理している。

とくに重要なポイントとなる事項を整理すると、後述する「5.2.3　内部統制と指定管理者制度のPDCAサイクルのあるべき方向性」を踏まえ、指定管理者制度所管部門に施設管理ノウハウの統合管理機能を設けるべきとの問題意識から指定管理者制度所管部門の事前マネジメントの観点を示し、指定管理者経費適正化と品質向上を図ることを企図している。また必要に応じてであるが、指定管理者制度という官民連携によるよりよい公共空間形成のためには何よりも民間事業者のインセンティブや懸念点を把握することが重要という観点からサウンディングや類似施設を抱える地方公共団体への情報提供依頼の実施を内部統制の観点として整理している。

さらにサウンディングに通じる観点であるが、サウンディングや他の地方公共団体からの情報に基づき、可能な限り民間事業者の自由裁量を確保し経営力を発揮するインセンティブ方策の導入を重要な観点として位置づけている。

そして、これまで整理してきたように星取表によるリスク分担表ではなく、リスクに対応した具体的な施設担当部門と指定管理者の行動レベルのリスク分担の明確化と、仮に協議するとしても協議発動条件の明確化を図る必要がある。

リスクマネジメントという内部統制的観点からは施設担当部門職員の裁量権を限定化することでリスク低減を図るため、指定管理者制度に係るガイドラインを踏まえた検討・運用を実施していることも重要な観点となる。これらの施設担当部門向けの内部統制の観点を踏まえ、後述する内部統制と指定管理者制度のPDCAサイクルを形成することが求められる。

(3)　民間事業者向けの内部統制の観点

指定管理者制度における内部統制の観点として、民間事業者向けの観点を整理すると図表5-4のとおりとなる。先にも述べたようにあくまで民間

事業者向けでは実施時のモニタリングや評価・監査を通じた内部統制が基本であり、コンプライアンスを中心とした観点が重要となる。

とくに重要なポイントとなる事項を整理すると、地方公共団体の施設管理部門や監査部門が民間事業者を図表5-4の内部統制の観点で細かくチェックする以前に、指定管理者自身の内部統制として「内部統制自己評価報告書（規程類の整備状況等含む）」の作成・提出を行うことでこれらの観点を網羅した説明責任を果たすことがより重要である。この「内部統制自己評価報告書」に基づき説明責任が果たされれば民間事業者向けに施設管理部門や監査部門が直接的に統制をかけることは最小限度にとどめる

図表 5-4　民間事業者向けの内部統制の観点

	内部統制の観点	観点の意図
実施時	法令・条例に従った施設管理の有無【コ】	法令・条例遵守によるコンプライアンス確保
	施設における平等利用確保の有無【コ】	公の施設の基本原則である平等利用原則の確保
	承諾なき指定管理業務再委託の有無【コ】	協定書で定められた方法のコンプライアンス確保・中抜き防止による品質の確保
	協定書に定められた協議・報告実施の頻度・程度の有無と軌道修正への対応有無【コ・リ】	協定書で定められた方法のコンプライアンス確保と指摘に対応した軌道修正の実現
	協定書に定められた経費請求・受領手続の実施有無【コ】	協定書で定められた方法のコンプライアンス確保、不正請求・横領等の抑止
	（利用料金制の場合）料金設定の承認有無・料金収納の適正性の有無【コ】	過大・過小な料金設定の抑止、適正な出入金によるコンプライアンス確保、横領等の抑止
評価・監査時	業務実施状況・施設利用状況・精算対象経費実績等、過不足ない事業報告書の作成有無・程度【リ】	事業報告書によるモニタリング・評価の基礎情報確保
	指定管理収支の区分経理の適正性有無・程度【コ】	区分経理の明確化による指定管理業務単体の経営情報の可視化
	利用促進の工夫と経費節減の工夫有無・程度【リ】	地方公共団体の施策・事業等を踏まえた施設目的達成（工夫部分は民間事業者ノウハウの取扱い留意）
	（利用料金制の場合）経費に照らした利用料金の妥当性有無・程度【リ】	フルコスト費用の料金設定による受益者負担原則又は施設目的に照らした低廉料金設定による利用促進
	指定管理に係る帳簿の整備・記帳状況・証拠書類の整理保管状況の問題有無・程度【コ】	監査による合規性判断の根拠・コンプライアンス確保
	指定管理に係る内部統制自己評価書（規程類の整備状況等含む）の作成有無（又は第三者評価有無）【リ】	自己又は第三者からの内部統制評価に基づく指定管理に係る内部統制体制の確保

(注)【コ】：コンプライアンス、【リ】：リスクマネジメント

212

第5章 内部統制と指定管理者制度

必要がある。

　先にもみたとおり監査部門が指定管理料を精査するとしても、指定管理料は管理業務の役務に対する報酬として位置づけられる。このため報酬に対する監査はより制約的でなければならず、本社経費等間接経費を除く直接経費、とりわけ精算対象経費を中心とした内容に限定化するのが適当である。あくまで民間事業者向けの内部統制の観点はコンプライアンスの観点が中心であり、それを超えるリスクマネジメントの観点は業務実施状況・施設利用状況・成果・実績等を過不足なく事業報告書としてまとめることが重要である。これらの民間事業者向けの内部統制の観点を踏まえ、後述する内部統制と指定管理者制度のPDCAサイクル（とくに実施時、評価・監査時）を形成することが求められる。

5.2.3　内部統制と指定管理者制度のPDCAサイクルのあるべき方向性

(1)　内部統制と指定管理者制度のPDCAサイクルの担い手

　指定管理者制度はこれまでも内部統制的な類似の取組みとして様々なモニタリング・評価手法が取り入れられているが、あくまで第一義的なモニタリング・評価主体は施設担当部門であり、施設担当部門が取組み状況を確認し、施設担当部門の判断により施設マネジメントが進められてきた。この施設マネジメントが空洞化していることが大きな課題であり、管理職も含めた施設担当部門のモニタリング・評価マネジメントの再構築が内部統制の肝になることは間違いない。しかし、指定管理者制度は地方公共団体と民間事業者という異なる行動原理の集団が共有するガバナンス構造を構築する点に視点が及ばない限り、指定管理施設を通じたよりよい公共空間を生み出すことは困難である。

　とくに指定管理者制度を含む官民連携分野では異なる行動原理の集団が共有するガバナンス構造を構築していないがために、施設管理ノウハウの維持・確保が困難となっている事例が多くみられる。施設管理ノウハウの維持・確保が困難となった場合、実際に指定管理者を受託していた民間事業者に継続的に頼らざるを得なくなり、契約更新を経るごとに高額な料金

が請求されるなど、地方公共団体の指定管理者制度を通じた効率的・効果的な施設運営に支障を生じさせている。一方、指定管理者を受託している民間事業者は施設管理ノウハウの維持・確保が困難となった地方公共団体からの過度な介入や民間事業者にとって不利な条件変更があれば次期調達時に参加しない自由も有している。

現時点では行政管理部門等に指定管理者制度全体の担当部門を置いている場合も多いが、指定管理者モニタリングシート・評価シート等の取りまとめを超えた統合的なノウハウ蓄積の場とはなっていない。

指定管理者制度の検討・運用に向けたマニュアルを行政管理部門等が作成している場合もある。職員の裁量権を限定化することでリスクコントロールを行う内部統制を実現するためには、過不足なくマニュアルに必要な検討・運用事項を整理することも重要である一方、施設担当部門がマニュアルのみを用いて指定管理者制度の検討・運用を行うにはハードルが高い。現時点では各施設担当部門に指定管理者制度の検討から実施までをほぼ任せきりにしていることが施設管理ノウハウの散逸につながっている。

監査委員・監査委員事務局による指定管理者監査もコンプライアンスの観点が中心となっており、施設管理ノウハウの維持・確保という側面は限定的である。

そのため、指定管理者制度を含む官民連携分野においてこれら異なる行動原理の集団が共有するガバナンス構造を形成する地方公共団体側の統合的ガバナンス機能を設ける必要がある。統合的ガバナンス機能を設けるのは第一義的には指定管理者制度の担当部門となる行政管理部門であろう。当初の段階では行政管理部門にノウハウがないことも想定されるため、指定管理者第三者評価等を実施する研究者やコンサルティング業者等の支援を受けることで、ノウハウを早期に獲得する契機を作ることも想定される。

(2) 内部統制と指定管理者制度のPDCAサイクルの全体像（今後のあるべき姿）

行政管理部門が施設担当部門に対する指定管理者制度導入検討から実施・評価までを伴走型で支援することが統合的ガバナンス機能を発揮し施設管理ノウハウを集約する上でも重要となる。具体的に内部統制と指定管

第5章 内部統制と指定管理者制度

図表 5-5 内部統制と指定管理者制度の PDCA サイクルの全体像（今後のあるべき姿）

導入時の事前マネジメントと事後評価支援機能（行政管理部門）
各プロセスでの施設担当課との協議によるガバナンス・ノウハウ確保

・事例　　　　・参考見積り協議　　・調達　　　　・運用状況のモ　　・有効性
・業者紹介　　・申請可否調整　　　・指定　　　　　ニタリング　　　・効率性
・懸念事項協議　　　　　　　　　　・協定条項協議　　　　　　　　　・課題等協議

検討 → 予算申請・承認 → 調達・指定・協定締結 → 実施 → 評価・監査

合規性・有効性・課題等の監査

指定管理者監査機能（監査部門）
コンプライアンス・リスクマネジメント確保

理者制度のPDCAサイクルの全体像を示すと図表5-5のとおりとなる。

　このPDCAサイクルは「検討時から評価・監査時」のプロセスと対応しており、施設担当部門の検討項目と行政管理部門や監査部門（監査時）との協議・監査項目を示している。検討時においては、施設担当部門が指定管理委託業務・条件や事務分担・プロセス・指定管理委託懸念事項の検討・整理を行う。これに基づき、行政管理部門との協議の場において事例紹介や懸念事項の整理、民間事業者紹介、サウンディング方法などが話し合われることになる。これにしたがって必要に応じて民間事業者に対して施設担当部門からサウンディングが行われる。

　予算申請・承認時においては、施設担当部門が仕様書概要案の作成や複数社からの参考見積り徴収を行う。これに基づき、行政管理部門との協議の場において仕様書概要修正案と参考見積りの協議、予算申請可否を調整する。その上で、予算申請可能とされた指定管理者導入案件については予算申請を可能とする。この情報は予算査定にも活用するため財政部門とも共有する必要がある。

　調達・指定・協定締結時においては、施設担当部門が検討・運用マニュアルの情報をもとに応募要領や仕様書などの調達様式を準備する。これに

215

基づき、行政管理部門との協議の場において調達方法や調達様式・指定・協定条項等の協議を行う。その後施設担当部門が調達を実施する。場合によっては調達後に改めて施設担当部門と行政管理部門とが民間事業者からの提案内容を踏まえて指定・協定条項の協議を行うことが必要である。適切な検討、予算申請・承認、調達・指定・協定締結等が行われていなければ指定管理者制度を導入しても施設管理の品質向上や経費の適正化にはつながらないため、実施までの事前マネジメントを重視し、施設担当部門に対する行政管理部門による伴走型支援を実施する。これらの伴走型支援で得られたノウハウを指定管理者制度の検討・運用マニュアルの改定に結びつけることで、より深い知見を反映したマニュアルが形成できる。このマニュアルを通じて、地方公共団体職員の裁量権を限定化し、通常業務内での内部統制に寄与することが可能になる。

実施時のモニタリングは基本的に施設担当部門が中心となり実施するものであるが、とくに運用・懸念事項報告がある場合には予実管理・協議を行政管理部門と実施する。この結果を随時の運用見直しや次回調達時の見直し反映事項とする。

最終的な評価時には、施設担当部門が評価シートを作成し指定管理の必要性・有効性・効率性・課題などを行政管理部門と協議する。この結果は次回調達時の調達仕様書や評価項目の見直し反映事項とする。見直し反映事項の情報を行政管理部門が収集した場合、財政部門に情報共有することで、予算申請時に施設担当部門が見直し反映していなければ財政部門からも予算査定時にチェックが入る仕組みが不可欠である。

地方公共団体の監査機能

指定管理者制度の監査機能は監査部門が財政援助団体等監査の枠内で実施する。少なくともコンプライアンスとして合規性の観点から施設担当部門と指定管理者を監査することが求められる。本来リスクマネジメントとして経済性・効率性・有効性の観点も含めとくに施設担当部門に対しては監査が行われるべきであるが、監査部門の人的資源も限られることから監査はあくまでコンプライアンスの観点を中心として、リスクマネジメント

の観点はあくまで行政管理部門による事前マネジメントと事後評価支援機能に委ねるという考え方も想定できる。その他、対象となる施設を①指定管理料が高額な場合や②地方公共団体の関連団体が受託している場合、③監査から一定期間が経過している場合などに限定してすべての観点から施設担当部門を中心に監査するという方法も考えられる（指定管理者のリスクマネジメントは指定管理者自己評価のチェックを起点とするなど）。

　合規性・経済性・効率性・有効性の観点をどの主体がどのように担保し、他の必要な主体に情報共有を図るかを設計することが重要である。

　それぞれの観点に基づく監査を実現するために人的資源が不足する場合には、監査委員・監査委員事務局職員以外に、監査専門委員を導入することも可能である（地方自治法200条の2）。監査専門委員とは監査委員の委託を受け、その権限に属する事務に関し必要な事項を調査する非常勤職員であり、専門の学識経験を有する者から代表監査委員が他の監査委員の意見を聴取して選任することができる。たとえば、法律上の判断が難しい場合には弁護士を選任することや複雑な情報システムを対象とする場合はシステム監査技術者を選任するなど、法律や情報技術、企業会計、土木建築、環境など様々な分野の専門家を選任することで監査対象が高度化・複雑化する中でも対応できる仕組みであり、指定管理者監査でも十分に活用が想定される。

　また指定管理者監査における地方公共団体施設担当部門向けのコンプライアンス観点の監査では、コンピュータ利用監査技法（Computer Assisted Audit Techniques：CAAT）の活用も想定できる。これまではシステムデータを印刷した紙資料を踏まえ任意抽出したデータを証拠類と突合していたが、CAATではシステムデータ（財務会計システムや電子決裁システム等）を活用しデータ間の整合性チェックや分析を手がかりに突合できなかった事項や異常値となった内容について監査を行う方法である。そもそもシステムデータを印刷した紙資料を作成することやそれを目視確認するよりも漏れなく正確に、かつ短時間で監査対象が抽出できるため、監査部門とともに監査対象部門の業務負荷を軽減することにもつながる。

　将来的には、指定管理者側から提供される事業報告書等も電子媒体で提

出を依頼することで加工・分析可能な情報として位置づけることができる。モニタリング情報は、業務の履行状況（実施件数や時間、運営課題とその要因、活動指標・成果指標として位置づけられているモニタリング指標の推移）や住民からの苦情・要望、業務改善提案、担い手に対する施設担当部門評価結果、第三者評価結果などが含まれる。

　以上の事業報告書情報に加え、物件費として支出している指定管理費の金額やその他関連委託費、職員工数を財務会計システム等で可視化できれば、当該指定管理者制度を含む事務事業に係る総体の情報が一目瞭然となる。いずれにせよ、監査部門が得たコンプライアンス（合規性）・リスクマネジメント（経済性・効率性・有効性）等の観点に基づく情報については施設担当部門・指定管理者・行政管理部門との共有を図ることで、施設管理の運用改善や調達見直し、マニュアル見直し等に反映させることが求められる。

　具体的な内部統制制度に引き寄せて指定管理者制度の内部統制プロセスを想定すると、都道府県及び指定都市の長（その他の市町村長は努力義務）は内部統制に関する方針を策定する。このため、この内部統制に関する方針には指定管理者制度を含む官民連携も対象とすることを明確化する。次いで内部統制体制の整備としては推進主体として施設担当部門と行政管理部門、監査部門を位置づけ、内部統制と指定管理者制度のPDCAサイクルの全体像をプロセスとして位置づける。これらのPDCAサイクルで生成される情報を踏まえ、内部統制評価報告書（指定管理者制度部分）の作成等を実施する。監査委員は長が作成する内部統制評価報告書（指定管理者部分）を審査するとともに内部統制に係る監査基準（指定管理者監査）に則った監査等を実施することになる。

　指定管理者制度に限った話ではないが実際に委託全体のマネジメント体制を構築する仕組みが最高外部委託責任者（Chief Outsourcing Officer：COO）の取組みである。兵庫県尼崎市では全国で初めて、外部委託を管理する責任者として、COO（市長）とこれまでみてきたPDCAサイクルのプロセスを行政管理部門とともに支援するCOO補佐（コンサルティング業者）を2019年度より設置した。このCOOの取組みはまさに先にみた

内部統制と指定管理者制度のPDCAサイクルの全体像で示した取組みと類似した仕組みである。地方公共団体側の施設管理を超えて官民連携ノウハウを広く維持・確保するためにも、指定管理者制度を含む官民連携に関するノウハウ情報の統合管理部門が不可欠であり、COOの取組みは一考に値する。今後の内部統制制度を踏まえた官民連携のあり方を検討する一助となる。

（若生 幸也）

【参考文献】

石川恵子（2017）『地方自治体の内部統制——少子高齢化と新たなリスクへの対応』中央経済社

東京都都政改革本部監査事務局（2018）「見える化改革報告書『監査』」2018年10月17日（http://www.toseikaikaku.metro.tokyo.jp/mierukahoukokusyo/22kansa/71-kansa.pdf）

馬場伸一（2018）「指定管理者監査の実務ポイント（1）——指定管理で失敗しないために」『月刊　地方財務』2018年12月号（774号）：pp. 58-76

馬場伸一（2019）「指定管理者監査の実務ポイント（終）——業務の流れと基本協定書」『月刊　地方財務』2019年3月号（777号）：pp. 108-123

有限責任監査法人トーマツ　パブリックセクター・ヘルスケア事業部編著（2018）『Q＆Aでわかる！　自治体の内部統制入門』学陽書房

索　引

ア行

尼崎市　218

維持修繕費　98

依法主義　65, 201

岩手県産株式会社　49

エビデンス　66, 68

公の施設　40, 70, 86, 124, 140

お願い　13, 18, 84

カ行

買換え　104

会社法　195

外部委託　114, 118, 122, 126, 218

カスタマーハラスメント　109, 166

ガバナンス　2, 4, 12, 24, 116, 214

ガバメント　4, 12, 24, 116

仮協定　189-190

監査権限　114, 159

監査専門委員　217

監査部門　207, 212, 215-216

監督権限　113-114, 159

管理業務　156

機関説　11, 77

議決責任　198

偽装委託　49

寄付　103, 105

逆選択　74

協議条項　84

協議する　152

協議発動条件　203

競合性の判断　43

共助　91, 167

行政管理部門　204, 214, 217

行政契約説　138

行政処分説　78

行政処分たる使用許可　114, 128

強制徴収権　119

行政不服審査法　185

業務委託　29, 31

緊急事態発生時　167

金融商品取引法　195

区分経理・区分処理　207, 209

経済関係法　49

経済性　45, 179, 201, 203, 209, 216

警報発令時　92

契約説　79

権力的要素　113, 117, 127, 138

公益法人改革　5, 26-27

公会計処理　94

公共サービス改革法　29

公共性の相対化　47

公共選択　35

公共団体　112

220

公共的団体　112

合成の誤謬　46

公物警察権　119, 130

神戸市　148, 150

公法上の債権　140

公法的色彩　81

公有財産　125

効率性　201, 203, 209, 216

個人情報保護　168

国家賠償法　131, 170

コーディネート機能　35, 37

コンセッション　21, 33

コンピュータ利用監査技法　217

コンプライアンス　2, 49, 64, 201, 203,
　　211

コンプラ地獄　196

サ行

災害時の公の施設　87

災害対策基本法　89

最高外部委託責任者　218

財政援助団体等監査　207

サウンディング　153, 186, 204, 211,
　　215

参酌基準　32

事業停止要因　90

事業の停止等　165

事業報告　134

事実行為としての管理業務　121

自主事業　145

自主モニタリング　161, 209

静岡県　100

システム保全　104

施設運営権制度　33

施設担当部門　199, 202, 204, 206, 209,
　　214

自治事務　8, 22, 39

実地調査協力義務　134

指定管理期間　156

指定管理料　81, 94, 99, 104, 140, 145,
　　164

指定取消し　173, 184

私法上の債権　95, 143

私法上の賠償責任　172

私法上の利用契約　127, 130, 138

私法上の利用契約締結権限　123, 129

資本的支出　105, 107

収益連動型　136, 141

自由度　6, 37, 51, 135, 137

使用許可権限　23, 30, 123, 128-129

情報の不完全性　72, 74, 77, 79, 84

条例の規律密度　71

ジレンマ　2, 5, 16, 98, 115

随意契約　179, 181

政策的思考　13

政策のラグ　99

政策法務　201

精算対象経費　97, 99

政治リスク　59

積極的自由　39

総合評価一般競争入札(方式)　175, 179,
　　181, 205

221

その他必要な事項　119, 128, 133

損害賠償　168, 172, 190

タ行

滞納処分　144

中間領域　9

直接収受　144

デューデリジェンス　182

独占禁止法　50

特定目的会社　155

ドグマ　116, 128

ナ行

内部統制　196, 198, 211

内部統制自己評価報告書　209, 212

内部統制評価報告書　197, 218

二元論　24, 27, 37

ハ行

挾間町　142

パブリックフォーラム　139

伴走型支援　216

ヒアリング審査　183

PPP理論　36

表明保証条項　158

比例性原則　197, 201

不可抗力　92, 151, 174

付款説　79, 138

フルコスト　60

プロポーザル方式　175, 179, 181, 205

平衡プロセス　37

包括的民間委託　22, 31

法的思考　13

星取表　20, 147

募集要項　158, 188

本社経費　94

マ行

見積合せ　181

箕面市　80

民間委託　28

民間化政策　21

民主的コントロール　7, 34, 42, 70, 117, 138

モニタリング　52, 92, 159-160

モニタリング機能　35, 37

モラルハザード　74, 80

ヤ・ラ行

有効性　201, 203, 207, 209, 216

要求水準　180, 188-189

予算制約リスク　57

ライフサイクルコスト　60

リスク分担　7, 20, 51, 54, 103, 147

リスク分担表　148, 150

リスクマネジメント　54, 67, 207, 211

離脱の自由　174

利用制限　108

両手捺印　83

利用料金制　94, 96, 143, 145, 147

労働法　49, 167

執筆者紹介

宮脇　淳（みやわき・あつし：全体編集責任及び序章、第1章、第2章担当）
北海道大学法学研究科・公共政策大学院教授
1956年東京都生まれ。日本大学法学部卒業、株式会社日本総合研究所等を経て、98年北海道大学教授、2005年同大学公共政策大学院院長。07年内閣府本府参与・地方分権改革推進委員会事務局長、国土審議会委員、中央教育審議会専門部会委員、中野区、船橋市、鎌ケ谷市他自治体審議会委員等多数。著書に『財政投融資の改革——公的金融肥大化の実態』（東洋経済新報社）、『創造的政策としての地方分権——第二次分権改革と持続的発展』（岩波書店）、『自治体経営リスクと政策再生』（東洋経済新報社・編著）等多数。

井口寛司（いぐち・ひろし：第3章、第4章担当）
弁護士・弁護士法人神戸シティ法律事務所代表社員弁護士
1962年和歌山県生まれ。中央大学法学部卒業、89年弁護士登録。自治体関係では2005年神戸市教育委員会指定管理者候補者選定委員、最判平成23.1.20保育所民営化訴訟代理人。論考に「神戸市住宅供給公社の民事再生（上）（下）（特別論考）」『銀行法務21』2013年1月号・2月号、「政策課題への一考察（第6回）自治体のリスク管理と『協議する』条項」『月刊　地方財務』2016年9月号（747号）、「政策課題への一考察（第24回）内部統制『態勢』整備における顧問弁護士の再定義」同2018年3月号（765号）等。

若生幸也（わかお・たつや：第5章担当）
株式会社富士通総研コンサルティング本部行政経営グループ
マネジングコンサルタント
1983年岐阜県生まれ。金沢大学法学部卒業、東北大学公共政策大学院修了。2008年株式会社富士通総研に入社、総合計画策定・行政評価導入・見直し支援・事務事業改革支援等の自治体経営改革支援や国・地方自治体の地域政策・政策評価制度・規制改革等の受託調査に取り組む。11～13年北海道大学公共政策大学院に専任講師として出向。13年4月復職。東京大学先端科学技術研究センター客員研究員、北海道大学公共政策大学院研究員、富山県富山市まちづくりアドバイザー、岐阜県関市まちづくり市民会議政策アドバイザー等を兼務。著書に『地域を創る！「政策思考力」入門編』（ぎょうせい・宮脇淳共著）、『自治体経営リスクと政策再生』（東洋経済新報社・共著）。

指定管理者制度　問題解決ハンドブック

2019 年 10 月 31 日　第 1 刷発行
2021 年 10 月 26 日　第 2 刷発行

編著者──宮脇　淳
著　者── 井口寛司／若生幸也
発行者──駒橋憲一
発行所──東洋経済新報社
　　　　　〒103-8345　東京都中央区日本橋本石町 1-2-1
　　　　　電話＝東洋経済コールセンター　03(6386)1040
　　　　　https://toyokeizai.net/

装　丁‥‥‥‥‥‥‥‥‥‥吉住郷司
本文レイアウト・ＤＴＰ‥‥‥森の印刷屋
印刷・製本‥‥‥‥‥‥‥‥‥藤原印刷
編集協力‥‥‥‥‥‥‥‥‥‥パプリカ商店
編集担当‥‥‥‥‥‥‥‥‥‥伊東桃子
Printed in Japan　　　　ISBN 978-4-492-21239-4

　本書のコピー、スキャン、デジタル化等の無断複製は、著作権法上での例外である私的利用を除き禁じられています。本書を代行業者等の第三者に依頼してコピー、スキャンやデジタル化することは、たとえ個人や家庭内での利用であっても一切認められておりません。
　落丁・乱丁本はお取替えいたします。